校盐硕士图书系列

MEM 面试通关指南

（精编版）

主　　编　罗莎莎　史晓天
组织编写　尚德机构管理类联考研究中心
参　　编　程昕辉　蒋德敏
　　　　　肖佳园　郭利双
　　　　　韩　吉　刘旭阳

中国建材工业出版社

图书在版编目（CIP）数据

MEM 面试通关指南：精编版 / 罗莎莎，史晓天主编. -- 北京：中国建材工业出版社，2021.1
（校盐硕士图书系列）
ISBN 978-7-5160-2989-3

Ⅰ．①M… Ⅱ．①罗… ②史… Ⅲ．①工程管理—研究生—入学考试—自学参考资料 Ⅳ．①F40

中国版本图书馆 CIP 数据核字（2020）第 228407 号

MEM 面试通关指南（精编版）
MEM Mianshi Tongguan Zhinan (Jingbianban)
罗莎莎　史晓天　主编

出版发行：	中国建材工业出版社
地　　址：	北京市海淀区三里河路 1 号
邮政编码：	100044
经　　销：	全国各地新华书店
印　　刷：	北京鑫正大印刷有限公司
开　　本：	710mm×1000mm　1/16
印　　张：	12
字　　数：	210 千字
版　　次：	2021 年 1 月第 1 版
印　　次：	2021 年 1 月第 1 次
定　　价：	**48.00 元**

本社网址：www.jccbs.com，微信公众号：zgjcgycbs
请选用正版图书，采购、销售盗版图书属违法行为
版权专有，盗版必究。本社法律顾问：北京天驰君泰律师事务所，张杰律师
举报信箱：zhangjie@tiantailaw.com　举报电话：（010）68343948
本书如有印装质量问题，由我社市场营销部负责调换，联系电话：（010）88386906

前言

2010年，中国工程院一批资深院士倡议，并委托清华大学进行学科论证，同年教育部批复并新设置MEM专业学位。在借鉴MBA发展经验和教训的基础之上，MEM发展更加精细化，也更加结合企业诉求。

如今有越来越多的考生选择报考MEM，本书在这种情况下应运而生，以帮助广大备考MEM的同学在备考的过程中少走弯路和不走弯路。

从最早2013年的北大MEM提前面试到如今，MEM提前面试开始被广大MEM招生院校所借鉴。在整个MEM提前面试中，院校的宗旨是挖掘致力于在技术和管理双层发展的项目管理潜质人才，所以把握MEM面试的核心关键点对MEM提前面试的成功起着决定性作用。

本书分为两篇，分别为MEM综合介绍、深入掌握MEM，考生需着重了解各大院校录取流程与面试实战部分，这对考生后期参加面试会有所帮助。

本书对国内MEM主要院校进行详细的剖析与介绍，并结合我们多年的培训经验进行编写，希望能帮助各位考生轻松备考，顺利通过考试。

本书涉及的考试时间及招考政策以2021年管理类联考报考要求为准，最新信息考生可参考院校最新的招生简章或报考通知等。

尚德机构管理类联考研究中心

2020年12月

目 录

第一篇 MEM综合介绍

第一章 初识MEM ········· 3

第一节 MEM简介 ········· 3
一、MEM的含义 ········· 3
二、MEM的内容 ········· 3
三、MEM扮演的角色 ········· 3
四、MEM的来源 ········· 4
五、MEM的发展历程 ········· 4
六、考取MEM的好处 ········· 6
七、MEM的就业方向 ········· 7
八、MEM的新政策 ········· 7

第二节 MEM报考 ········· 8
一、MEM的报考条件 ········· 8
二、招生条件的问题汇总（以清华大学为例） ········· 9
三、MEM的报考流程 ········· 10

  四、MEM 的面试流程 …………………………………………… 15

第二章　MEM 面试 …………………………………………… 16

第一节　MEM 面试简介 …………………………………… 16
  一、MEM 面试介绍 …………………………………………… 16
  二、MEM 面试申请材料 ……………………………………… 18

第二节　如何选择报考院校 ………………………………… 19
  一、全国 MEM 招生院校 ……………………………………… 19
  二、选择适合自己的院校 ……………………………………… 21

第二篇　深入掌握MEM

第三章　MEM 报考院校 …………………………………… 27

第一节　清华大学 …………………………………………… 27
  一、院校简介 …………………………………………………… 27
  二、院校报考流程 ……………………………………………… 31
  三、面试流程 …………………………………………………… 32
  四、面试素材 …………………………………………………… 34

第二节　北京大学软件与微电子学院 ……………………… 39
  一、院校简介 …………………………………………………… 39
  二、面试流程 …………………………………………………… 40
  三、面试日程安排 ……………………………………………… 42
  四、面试素材 …………………………………………………… 42

第三节　北京航空航天大学 ………………………………… 47
  一、院校简介 …………………………………………………… 47
  二、面试流程 …………………………………………………… 49

三、复试流程 51
四、面试素材 52

第四节 北京邮电大学

一、院校简介 62
二、面试流程 63
三、面试素材 64

第五节 北京大学工学院

一、院校简介 72
二、面试流程 74
三、面试素材 75

第六节 华东理工大学

一、院校简介 79
二、面试流程 82
三、面试素材 83

第七节 上海交通大学机械与动力工程学院

一、院校简介 86
二、面试流程 88
三、面试素材 91

第八节 上海交通大学电子信息与电气工程学院

一、院校简介 94
二、面试流程 96
三、面试素材 98

第九节 东华大学

一、院校简介 103
二、面试流程 105
三、面试素材 107

第十节 西安交通大学 ·········· 110
- 一、院校简介 ·········· 110
- 二、面试流程 ·········· 113
- 三、面试素材 ·········· 116

第四章 MEM 面试实战 ·········· 122

第一节 MEM 面试的考查维度 ·········· 122
- 一、提前面试的目的 ·········· 122
- 二、结构化面试的考查方向 ·········· 122
- 三、面试流程 ·········· 123
- 四、参与面试 ·········· 124
- 五、考查要点 ·········· 125

第二节 MEM 面试实况 ·········· 126
- 一、仪容仪表 ·········· 126
- 二、面试实战 ·········· 127

第三节 面试材料 ·········· 150
- 一、基本材料 ·········· 150
- 二、其他材料 ·········· 150

第四节 MEM 素材积累 ·········· 151
- 一、历年案例真题 ·········· 151
- 二、时事热点 ·········· 160

附录 ·········· 164
- 一、面试申请的准备材料 ·········· 164
- 二、面试真题汇总 ·········· 175

第一篇

MEM 综合介绍

Organization is an "anatomy" of a business, management is its "biology".

第一章 初识 MEM

第一节 MEM 简介

一、MEM 的含义

工程管理硕士学位（Master of Engineering Management, MEM）（学科代码：125600）是由中国工程院在 2010 年提议，委托清华大学进行学科论证，同年批复设置的一个专业学位。工程管理是针对工程实践而进行的决策、计划、组织、指挥、协调与控制。

二、MEM 的内容

MEM 包括：重大工程建设项目决策的技术经济论证和实施中的管理；重要复杂的新产品、设备、装备在开发、制造、生产过程中的管理；技术创新、技术改造、转型、转轨、与国际接轨的管理；产业、工程和科技的重大布局与发展战略的研究与管理等。

三、MEM 扮演的角色

工程管理硕士研究生的存在意义是对工程管理领域知识的理解和掌握，如系统工程、质量管理、生产管理等；课程主要涵盖项目管理、工程管理、物流工程等方向上的定量分析方法。通过对工程管理的理论与方法的学习，有效地提高工程管理水平。

随着现代工程出现规模巨大、决策流程复杂、涉及技术种类众多、组织结构庞大、历时漫长、参与人员众多等趋势，工程管理在现代工程中的重要性使工程管理人员在现代工程实践中扮演着越来越重要的角色。

四、MEM 的来源

设置工程管理硕士专业学位的目的是适应我国现代工程事业发展对工程管理人才的迫切需求，完善工程管理人才培养体系，创新工程管理人才培养模式，提高我国工程管理的人才质量。工程管理硕士研究生的培养注重向学生提供对核心管理领域知识的理解能力。

五、MEM 的发展历程

- 2011 年

3 月 18 日上午，国务院学位委员会、教育部、人力资源社会保障部在京联合召开全国金融等 29 个专业学位研究生教育指导委员会成立会议，全国工程管理专业学位研究生教育指导委员会正式成立。同时，召开第一次全体委员会议，会上讨论《全国专业学位研究生教育指导委员会章程》（征求意见稿），通过了《工程管理硕士专业学位研究生指导性培养方案（试行）》，并制定教指委相关工作机制建设等规章制度。

- 2014 年

1 月 18 日，在天津大学召开了全国工程管理专业学位研究生教育案例教学建设工作研讨会。

4 月 15 日，在大连理工大学召开了全国工程管理专业学位研究生教育案例教学建设系列文件修订研讨会。

5 月 23 日，在东北大学召开了全国工程管理专业学位研究生教育指导委员会 2014 年工作研讨会，会议审议了《工程管理硕士专业学位案例征集与使用实施办法》《工程管理硕士专业学位案例入库标准》《工程管理硕士专业学位案例入库管理办法》《工程管理硕士专业学位案例撰写规范》等文件。

7 月 21、22 日，在天津大学召开了全国工程管理专业学位教学案例编写师资培训会议。全国 43 所院校 120 多名从事工程管理专业学位教育的教师和管理人员参加会议。

10 月 24 日，在中国矿业大学召开了全国工程管理教指委 2014 年全体委员工作会议，组织实施 MEM 培养单位的专项评估工作。

12 月，发布《工程管理硕士专业学位基本要求（试行）》（工程管理教指委〔2014〕1 号）。

- 2015 年

5 月在上海交通大学召开专项评估工作的全体培养单位大会，介绍专项评估工作要求、评估报告编写及问题交流。全国 90 多所的 230 多名从事工程管理专业学位教育的教师参加了会议。

9月在北京召开专项评估专家现场评审会，根据培养单位自评估材料的情况讨论确定了8所现场考察单位，教指委组织委员于11月赴8所单位进行实地考察。

12月教指委召开全体委员会议，对授权点单位的评估结果经过评议表决，并将结果报送国务院学位办。

12月在天津大学举办第二期全国工程管理教学案例研讨会，全国60余所MEM培养单位相关课程教师200余人参会。月底，工程管理硕士首批26个案例通过并被录入到教育部学位中心的案例库中。

12月18日，教指委与国家标准化管理委员会办公室、中国标准化研究院就共同开展工程管理硕士标准化方向教育，在北京签署了合作协议。

- 2016年

4月15日，教指委召开了2016年工作会议，确定了2016年4项重点专项工作，并由教指委委员牵头以课题形式开展，包括"MEM品牌建设提升项目""MEM师资与管理团队建设提升项目""MEM教育的国际化合作探索项目"及"案例建设与评优项目"。

6—8月，组织开展2016年度MEM自选研究课题申报和评审，最终批准9项自选课题立项。

6—9月，按国务院学位办要求，教指委组织编写《工程管理硕士学位授权点申请基本条件》。

6月14日，国务院学位委员会、教育部、人力资源社会保障部发布关于全国金融等28个专业学位研究生教育指导委员会换届的通知，第二届工程管理教指委成立。

8月27日，第二届全国MEM教指委召开第一次全体委员会议，会上回顾总结了第一届教指委工作，讨论确定了2016—2017年度工作要点，审议通过《工程管理硕士学位授权点申请基本条件》，并报送国务院学位管理处。

- 2019年

全国共有180多所单位招收工程管理硕士。

根据《国务院学位委员会、教育部关于对工程专业学位类别进行调整的通知》，原工程硕士专业学位类别下项目管理、工业工程和物流工程3个工程领域并入工程管理硕士类别，从2020年起，按调整后的专业学位类别进行招生、培养和学位授予。

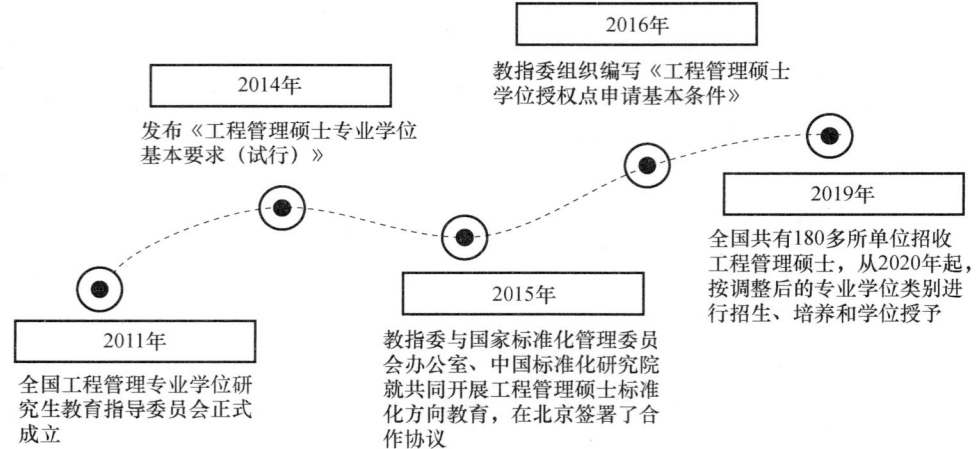

六、考取 MEM 的好处

（一）学历教育

MEM 最吸引人的一点是学历教育，是教育部认可的研究生学历和研究生学位，为此，解决了很多项目管理人员因为学历因素制约的瓶颈。

（二）涉猎范围广

行业	建议报考方向
互联网	信息化管理，创新工程管理，人工智能
建筑工程	建设管理，项目管理，工程管理
金融科技	互联网金融，金融科技，大数据
能源与环境管理	能源与环境管理，项目管理
人工智能	人工智能，大数据，云计算，物联网
医养	医养方向，医疗大健康
汽车	工业制造，智能制造，信息化管理

（三）学费低，性价比高

清华 MEM 学费从先前的 9 万元上升到 16.8 万元，招生人数也从先前的几十人到如今的 230 余人，课程快速得到市场的认可，所以吸引了很多的考生，学费逐步上升也是必然的。但从目前看来，最高不超过 16.8 万元的学费就可以获得知名院校的研究生学历，性价比还是相当高的。

七、MEM 的就业方向

（一）能源与环境管理

随着石油价格飙升，化石燃料稀缺，公用事业公司和汽车制造商正忙于满足未来几代人的能源需求。工程管理专家周游世界，部署创新的系统，从风能、水能和其他可再生能源中发电。其他工程管理人员领导团队设计高效的汽车、计算机和发电机，以防止人类不可逆转地破坏地球。

（二）信息系统管理

今天的复杂软件需要数百甚至数千名熟练程序员的开发团队。工程管理的毕业生协调专家的努力，使他们的最终产品顺利运行。

（三）金融科技

一个熟练的工程经理可以利用他的沟通技巧来激励他的员工，同时依靠他解决问题的技巧来寻找新的流程。

（四）知识管理

许多办公室的员工通过在饮水机旁闲逛来了解公司的发展趋势。今天的国际大企业集团经常雇用成千上万的工人，分散在几个大洲。当员工们在全世界范围流动的时候，工程管理专家就会设计公司系统和流程，让团队成员了解他们的项目，不管他们现在在哪个国家。

（五）工业制造

传统上，工业工程师的工作集中在设计、执行、评估和改进集合人力、资金、信息、知识、厂房、设备、能源、物料和流程的制造业生产系统。近年来更多工业工程师投身到诸如物流、信息、金融、医疗、服务、研发、国防等众多产业中从事系统分析与改进工作。

八、MEM 的新政策

（一）招生领域设置

设置"工程管理"（代码：125601），"项目管理"（代码：125602），"工业工程与管理"（代码：125603）和"物流工程与管理"（代码：125604）4个招生领域。

（二）各领域招生要求

2018年3月，国务院学位委员会、教育部印发《关于对工程专业学位类别进行调整的通知》，对工程专业学位类别进行调整，见下表。

科目	代码
电子信息	0854
机械	0855
材料与化工	0856
资源与环境	0857
能源动力	0858
土木水利	0859
生物与医药	0860
交通运输	0861

工程硕士领域中的项目管理、物流工程、工业工程 3 个领域调整到工程管理专业学位类别（代码：1256）。从 2020 年起，按调整后的专业学位类别进行招生、培养和学位授予。

◆ "工程管理"（代码：125601）和"项目管理"（代码：125602）的报考条件同原来的 MEM 报考条件。

◆ "工业工程与管理"（代码：125603）和"物流工程与管理"（代码：125604），自 2020 级在 5 年试点期间可以招收应届生（包括推免和全国联考）。

第二节 MEM 报考

一、MEM 的报考条件

（一）基本条件一

1. 中华人民共和国公民，拥护中国共产党的领导，愿为社会主义现代化建设服务，品德良好，遵纪守法。

2. 身体健康状况符合国家和招生单位规定的体检要求。

（二）基本条件二

1. 大学本科毕业后 3 年或 3 年以上工作经验的人员；获得国家承认的高职高专毕业学历后，有 5 年或 5 年以上工作经验。

2. 达到与大学本科毕业生同等学力的人员。

3. 已获硕士学位或博士学位并有 2 年或 2 年以上工作经验的人员。

⚠ 注：部分院校要求本科毕业5年或5年以上工作经验，详细要求请参考报考院校介绍。

二、招生条件的问题汇总（以清华大学为例）

⚠ 注：招生问题汇总是以清华大学为例做出的总结，其中涉及的工作经验年限，考生可参考自己所报院校的招生条件，并对应寻找上述问题进行自我解答。

- 报考条件中要求的工作经历的年限是如何计算的？

报考条件中对不同学历者所要求的工作经历的年限，是指从获得毕业证书（一般指每年的7月）到被MEM录取入学（一般指每年的9月1日前）期间的全职工作经历。

- 凭本科毕业证（无学位）可否报考？

获得国民系列教育本科毕业证书，到入学时有3年或3年以上全职工作经验即可报考。

- 专科毕业生是否可以报考？大专生在报考过程中是否有附加要求，如英语四级证书、发表论文、加试课程等？

获得国民系列教育专科毕业证书，到入学时有5年或5年以上工作经验即可报考（具体参照不同院校的招生条件）；对大专毕业生报考没有附加条件。

- 有硕士学位的考生能否报考工程管理硕士？

已获硕士学位且有2年或2年以上工作经验者可以以硕士学位报考。如果获得硕士学位后工作经验到入学时不满2年，只能以本科身份报考。

- 获得双学士学位可否按照硕士学位报考MEM？

获得双学士学位也要按本科学历身份报考。

- 持本科肄业证书或本科结业证书可以报考吗？

只有本科肄业证书不能报考，国家承认学历的本科结业生按本科毕业生同等学力身份报考。

- 是否格外关注报考考生专业背景和职业背景？

报考考生的过往学习经历和职业经历是清华MEM项目的重要考查因素，虽然大部分院校的MEM项目对考生的背景要求不局限于工科学习背景和工程技术岗位，但有工科学习或有工程技术工作经历的考生可能更快适应MEM课程学习并完成学位论文撰写。

- 专科毕业后，又通过高教自考或成人教育（专升本）获得本科毕业证和学士学位证，以何种身份报考？

专升本的考生，获得本科毕业证到入学前工作经验满3年或3年以上以本科身份报考；本科毕业到入学时工作经验不满3年的，仍然要以专科身份报考。

三、MEM 的报考流程

（一）报考流程图

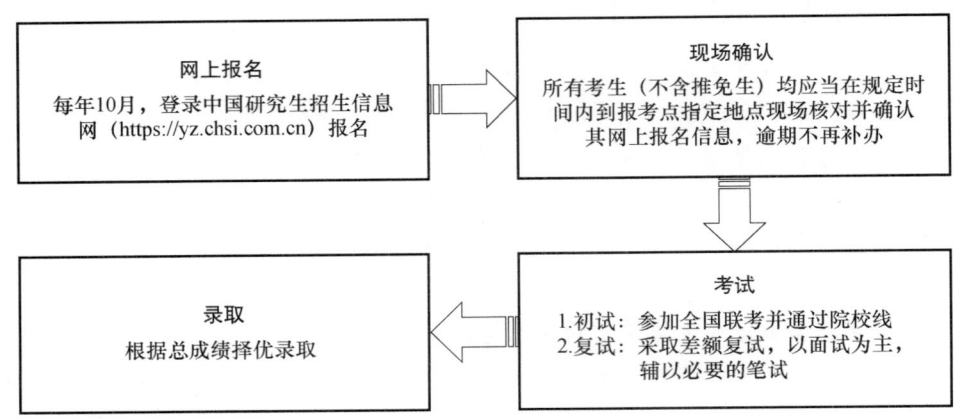

（二）报考时间

每年 10 月中下旬报名，11 月进行现场确认，12 月下旬考试。考生通过全国统考后可以获得双证，即学历证和学位证。

（三）报考步骤

1. 登录 / 注册

登录研究生招生信息网 (https://yz.chsi.com.cn/)，单击注册，如下图所示。

2. 填报信息

已经注册过学信网的考生，可直接登录进行报考；没有注册过学信网的考生，可通过学信网进行注册或通过研招网进行注册，如下图所示。

> 注：考生须如实填报自己的详细信息，如有作假，将取消报考资格。

3. 院校及录取情况查询

若考生想要查询所报专业，可进行硕士专业目录查询：打开主页，单击硕士目录，如下图所示。

单击硕士目录后，将弹出新的页面，如下图所示。

（1）选择所在城市。可在"门类类别"下拉列表框中选择所在城市，如下图所示。

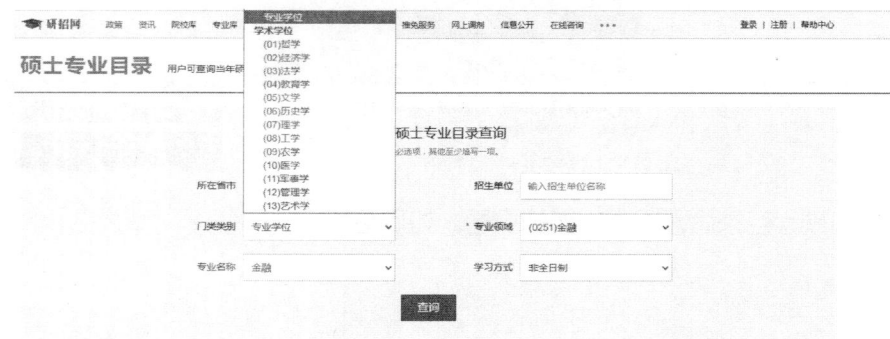

（2）选择招生单位。招生单位是你想要报考的院校，想要报考北京大学，则选择北京大学即可。

（3）选择门类。可在"门类类别"下拉列表框中选择专业学位，如下图所示。

在这里考生注意区分专业学位与学术学位的区别见下表。

学位名称	定义	培养目标
专业学位	其目的是培养具有扎实理论基础并适应特定行业或职业实际工作需要的应用型高层次专门人才	以专业实践为导向，重视实践和应用，培养在专业和专门技术上受到正规的、高水平训练的高层次人才
学术学位	普通学位，包括学士、硕士和博士3个等级	以学术研究为导向，偏重理论和研究，培养大学教师和科研机构的研究人员

MEM 属于专业学位，考生不要选错。

（4）选择专业领域。专业领域对应考生所报考的专业，如下图所示。

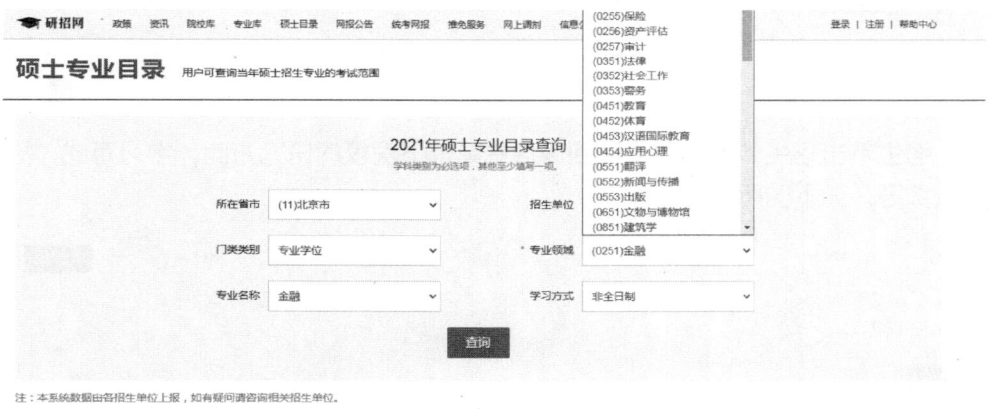

（5）选择学习方式。学习方式分非全日制和全日制，考生可根据自身的实际情况进行选择，如下图所示。

（6）查询结果。 将上述所有内容填写并选择后，将弹出新的页面，如下图所示。

考生单击招生单位，可查询到该招生单位下院校的研究方向、学习方式、招生人数等，如下图所示。

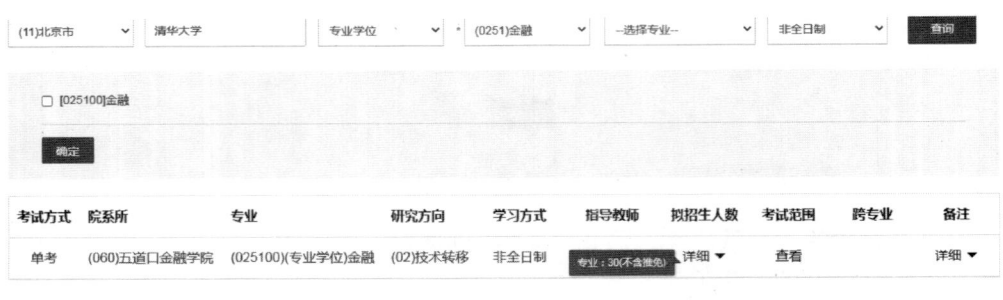

⚠ 注：考生对所填写的信息须保证其准确性（如果被录取，部分信息将用于以后的学籍管理），考生未按要求报名、误填、错填或填报虚假信息，而导致不能确认、考试、录取等后果，由考生本人承担。

四、MEM 的面试流程

（一）MEM 面试时间

学校根据考生联考成绩自定分数线，确定复试人员名单。MEM 面试时间由各个学院自行安排，大部分安排在 3 月底或 4 月初。

（二）MEM 面试流程

资格审查→面试→政治、英语笔试→体检→拟录取。

（三）MEM 确定原则

录取工作始终贯彻德智体全面衡量、择优录取、保证质量、宁缺毋滥原则，尊重考生的意愿，严格按照公开、公平、公正、择优的原则选拔人才。

复试成绩占总成绩的 40%。在复试成绩中，外语水平测试成绩占 20%（其中英语笔试占 15%，口语与听力占 5%），专业知识测试成绩占 30%，综合素质面试成绩占 20%（综合分析和判断能力、人际交往和沟通能力、心理素质和发展潜质），教育背景、工作经历及实践经验占 30%。复试成绩低于 60 分者不予录取，思想政治素质和道德品质不合格者不予录取。

总成绩 = 联考成绩 ×0.6/3+ 复试成绩 ×0.4。

在政治成绩合格的前提下，各教学点按总成绩排序，择优录取。

（四）面试相关问题

- 考生提前面试的成绩有效期有多长？

考生提前面试的成绩只在当前招生季度有效，提前面试成绩不保留。

- 提前面试未通过对正常报考及复试是否有影响？

若考生参加了提前面试但未通过，考生仍然可以通过直接报考全国联考的方式进入复试，提前面试未通过并不会对报考和复试资格有任何影响。

第二章　MEM 面试

第一节　MEM 面试简介

一、MEM 面试介绍

（一）MEM 面试方式及面试流程

MEM 招生面试方式分为正常批面试与提前批面试。

正常批面试是指考生参加全国联考笔试后，通过国家分数线之后，获得面试资格，按要求参加院校组织的复试。

提前批面试是指考生需要在全国联考笔试前参加的各招生院校组织的面试。如果考生通过院校组织的 MEM 提前批面试，就可直接获得录取资格，后期只需要参加 MEM 全国联考，在笔试中通过国家分数线即可被最终录取。

（二）MEM 正常批面试流程

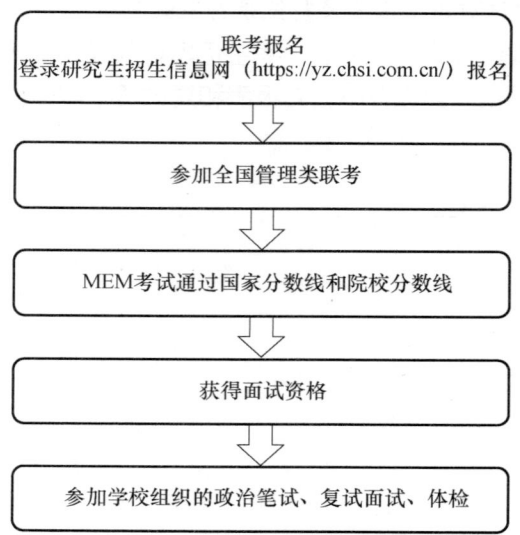

（三）MEM 提前批面试、录取流程
1. 提前批面试流程

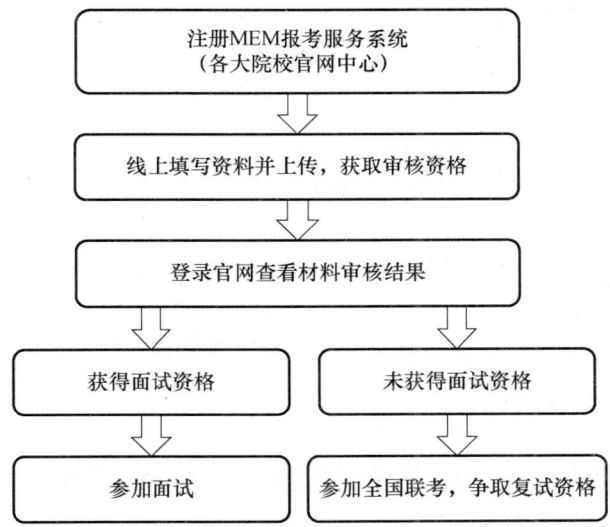

- **获得面试资格**

获得面试资格的考生，即院校认为考生的背景及其工作经验符合院校 MEM 的招生要求，符合院校的培养目标，故考生一旦通过提前批面试，就能获得预录取。

- **未获得面试资格**

未获得面试资格的考生无须担心，虽然失去了仅有一次的提前批面试申请机会，但可以通过参加全国联考来获得正常批面试机会。

2. 提前批录取流程

MEM 提前批录取流程如下图所示。

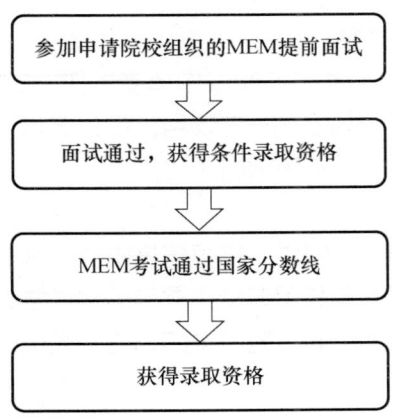

二、MEM 面试申请材料

（一）MEM 正常批面试申请材料

- 按要求填写完备的材料文书；
- 身份证复印件；
- 学历、学位证书复印件；
- 大学或研究生期间成绩单原件；
- 学历认证报告和学籍认证报告原件。

（二）MEM 提前面试申请材料

1. 材料清单

- MEM 入学申请表（报名系统内打印）及相关附件；
- 推荐人推荐信（两封）；
- 申请短文（各高校要求不同）；
- 有效身份证件（身份证、护照或军官证）原件及复印件；
- 大学本科毕业证书、学位证书原件与复印件；
- 以同等学历报考者的大专生还需毕业证书、大学本科 8 门以上主干课程成绩证明、国家英语水平考试四级证书、学术论文等原件及复印件（每个学校有所差异，请查看各院校提前面试招生政策），具体信息可以查看各高校官网。

注：无论是正常批面试，还是提前批面试，不同院校所要求提交的申请材料不同，具体材料请考生关注所报院校。

2. 误区须知

- **内容造假或故意隐瞒信息**

内容造假是提前批面试申请材料中最忌讳的事情，高校评委大多有着多年的材料评估经验，早就练就一双火眼金睛，申请者耍的一些小聪明被识破的概率很大，会直接导致提前批面试申请失败。

- **干巴巴地罗列申请材料**

申请材料是教师对 MEM 提前批面试申请者的第一印象，在写申请短文的时候，如果申请者只是干巴巴地罗列一些项目，会让申请材料没有说服力，也会让教师认为申请者对自己的定位不够清晰。

- **推荐信中都是美言**

在 MEM 提前批面试申请材料中，推荐信是由他人客观描述的材料。而在申请材料中有相当一部分推荐信都是用非常空洞的形容词堆砌起来的，基本囊括了所有能想到的优点。这种层面太高、范围太广、内容太空的"高大空"信，往往给人空洞无实质的感觉。

- **自信过高，不精心准备申请材料**

在 MEM 提前批面试中，确实存在一些自身履历过硬的申请者，因为太过自信而忽略了对申请材料的准备，导致申请失败。再好的背景，如果不能在申请材料中充分、清晰地表现出来，那么有和没有，其实没什么区别。

- **拖延到最后才开始写申请材料**

商学院对申请短文一般都有字数限制，那么多内容，那么少字数要求，怎么才能把每句话都说到点子上，让每个字都发挥其应有的作用，还是要费一番心思的，建议提前写好申请材料，切勿拖延。

第二节　如何选择报考院校

一、全国 MEM 招生院校

- **北京地区 MEM 招生院校**

目前，北京地区 MEM 招生院校有清华大学、北京大学、北京大学软件与微电子学院、北京航空航天大学、北京交通大学、北京理工大学、北京邮电大学、北京化工大学、华北电力大学（北京）、中国矿业大学（北京）、中国科学院大学。

在这些院校中，清华大学与北京大学是最有名的。2018 年清华大学开办的 MEM 项目以非全日制研究生形式进行招生，学制 2 年，学费 16.8 万元，分数线为总分 165 分，英语 42 分，综合 84 分。

2018 年，北京大学开办的 MEM 项目以非全日制研究生形式进行招生，学制 3 年，学费 13.8 万元（软微全日制是 9.9 万元，北大工学院和北大软微非全日制是 13.8 万元），分数线为总分 165 分，英语 42 分，综合 84 分。

- **上海地区 MEM 招生院校**

目前上海地区 MEM 招生院校有东华大学、同济大学、上海交通大学、上海理工大学、上海大学、上海海事大学。

在这些院校中，东华大学开办的 MEM 项目最受欢迎。东华大学是教育部直属重点大学，国家"211"工程重点建设高等院校，是中国首批具有博士、硕士、学士 3 级学位授予权的大学之一。其开办的 MEM 项目以非全日制研究生形式进行招生，学制为 2.5～5 年。

- **江苏地区 MEM 招生院校**

目前江苏地区 MEM 招生院校有 5 所，分别为东南大学、南京航空航天大学、中国矿业大学（徐州）、河海大学、南京工业大学。

在这些院校中，东南大学开办的 MEM 项目备受关注。据院校最新通知，东南大学 2018 年 MEM 的复试分数线上涨了，比基本复试分数线上涨了 22 分，总分为 202 分，单科线未涨。招生形式为非全日制，学制为 2.5 年。

- 天津地区 MEM 招生院校

天津地区目前有 4 所 MEM 招生院校，分别为南开大学、天津大学、天津工业大学、天津科技大学。

在这些院校中，南开大学 MEM 项目是最受欢迎的。2018 年，南开大学 MEM 项目分数线为总分 175 分，英语 50 分，综合 100 分。招生形式为非全日制，学制 2.5 年。

- 福建地区 MEM 招生院校

目前福建地区 MEM 招生院校有 3 所，分别为厦门大学、华侨大学、福州大学。

在这 3 所院校中，厦门大学开办的 MEM 最受欢迎。厦门大学是第一批由国家正式批准的应用型 MEM 招生高校之一。其开办的 MEM 项目学制 3 年，2018 年的分数线为总分 170 分，英语 50 分，综合 100 分。

- 山东地区 MEM 招生院校

目前山东地区的 MEM 招生院校有山东大学、青岛大学、山东科技大学。

这其中以山东大学开办的 MEM 最受欢迎。2018 年，山东大学 MEM 以全日制和非全日制形式进行招生，学制为 3 年，分数线为总分 165 分，英语 50 分，综合 100 分。

- 湖南地区 MEM 招生院校

目前湖南地区的 MEM 招生院校主要有 2 所，分别为中南大学和长沙理工大学。

- 湖北地区 MEM 招生院校

目前湖北地区的 MEM 招生院校主要有 3 所，分别为武汉大学、华中科技大学、武汉理工大学。

- 广东地区 MEM 招生院校

目前广东地区的 MEM 招生院校主要有 3 所，分别为华南理工大学、广东工业大学、暨南大学。

- 重庆地区 MEM 招生院校

目前重庆地区的 MEM 招生院校只有重庆大学。

- 四川地区 MEM 招生院校

目前四川地区的 MEM 招生院校有四川大学、西南交通大学、西南石油大学、成都理工大学。

- **陕西地区 MEM 招生院校**

目前陕西地区的 MEM 招生院校有西安交通大学、西北工业大学、西安建筑科技大学。

- **河北地区 MEM 招生院校**

目前河北地区的 MEM 招生院校有河北工业大学、华北电力大学（保定）。

- **辽宁地区 MEM 招生院校**

目前辽宁地区的 MEM 招生院校有沈阳工业大学、大连海事大学、辽宁工程技术大学、大连理工大学。

- **黑龙江地区 MEM 招生院校**

目前黑龙江地区的 MEM 招生院校只有哈尔滨理工大学。

- **安徽地区 MEM 招生院校**

目前安徽地区的 MEM 招生院校有安徽理工大学、合肥工业大学。

- **江西地区 MEM 招生院校**

目前只有南昌大学在江西地区进行 MEM 招生。

- **内蒙古地区 MEM 招生院校**

目前只有内蒙古工业大学在内蒙古地区进行 MEM 招生。

- **广西地区 MEM 招生院校**

目前广西 MEM 招生院校只有广西大学一所。

- **云南地区 MEM 招生院校**

目前云南地区的 MEM 招生院校有云南大学、昆明理工大学。

- **甘肃地区 MEM 招生院校**

目前甘肃地区的 MEM 招生院校只有兰州交通大学。

二、选择适合自己的院校

1. 从事技术岗位的在职人员，想要提高技术管理和学历提升

- **建筑工程领域**

行业	可报考院校
建筑行业，以及中石油、中石化、中海油、中铁、中建、中交等	清华大学建设管理、北京大学软件与微电子学院创新工程管理、北京航空航天大学项目管理、上海交通大学工程管理等

建筑行业，以及中石油、中石化、中海油、中铁、中建、中交等企业，肩负着基建的重要使命，从业人员绝对不能忽视。随着科技的进步，追求高效、智能的推进，要求行业从业人员都必须拥有学历和综合素养，所以这也是 MEM 报考人

数极其庞大的一个群体。

- 互联网信息领域

互联网+IT行业，互联网行业面临的问题是人口红利期已过，接下来如何创新再拉动企业的二次发展，是每一个互联网从业人员的焦虑所在。

行业	可报考院校
互联网+IT	清华大学信息化管理、北京大学软件与微电子学院创新工程管理、北京航空航天大学数据与信息管理、北京邮电大学互联网产品与IT项目管理、上海交通大学电信、东华大学、西安交大电子商务与大数据管理等

- 工业制造领域

工业制造、机器人技术的推进，科技日新月异，传统制造业已经陆续被新型科技融入，减少传统劳动力，提升科技技能，让整个制造业不再是基于过往，而是越来越依赖于机器，所以很多生产线的人员都开始学习MEM。

行业	可报考院校
工业制造+机器人技术	清华大学工业制造方向、北京大学工学院装备管理、上海交通大学机械与动力学院制造工程等

- 能源环保领域

能源行业，如今随着经济的发展，国家对GDP的追求已经不单纯是指数，而是开始注重质量，所以全世界都把环境和可持续能源放在很关键的位置，也正因如此，很多新能源行业开始产生，包括一些互联网企业也开始涉足，寻求自己业务的突破口。

行业	可报考院校
能源行业	清华大学能源与环境管理、北京航空航天大学项目管理、北大软微创新工程、西安交通大学能源化工工程管理等

- 金融科技领域

随着MEM的逐步推广，如今我们也发现很多金融行业从业人员的加入、文化产业学生的加入，甚至一些标准化、通信领域大批人员的加入，让MEM的竞争越来越白热化。

行业	可报考院校
金融行业、文化产业	北京大学软微学院金融科技，北京大学软微学院互联网金融等

2. 比较在意学校的名气，可以选择名校的 MEM 院校

MEM 各校包括清华大学、北京大学、北京大学软微学院、上海交通大学、复旦大学、北京航空航天大学、西北工业大学、武汉大学、西安交通大学、河海大学、同济大学、北京理工大学、华东理工大学、天津大学、东华大学、重庆大学、南开大学、北京交通大学、中国科学院大学等。

3. 对学费比较在意，可以选择性价比高的 MEM 院校

学费会成为考生的一个考量因素，从目前全国的 MEM 费用设置来看，没有特别大的悬殊，如很一般的院校低到 3 万元左右，多数学校在 6～8 万元，影响力较强的项目会达到十多万元。不一定要在"985"院校学习，像靠前的"211"院校也不错，如北京交通大学、北京化工大学、北京邮电大学、华北电力大学、大连海事大学等。

4. 在职工作人员本地就读，就近选择附近 MEM 院校

在职人员选择项目，因为需要边工作边读研，所以地域会成为多数考生择校、择项目的首要因素，故可以参考上述提到过的招生院校，选择距离自己工作、生活的地方比较近的院校。

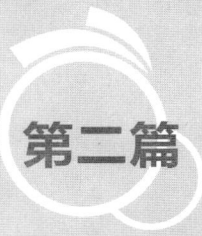

第二篇
深入掌握 MEM

Education comes from school.

第三章 MEM 报考院校

第一节 清华大学

一、院校简介

（一）概况

清华大学从 2012 年开始招收工程管理硕士，并在 2015 年 5 月成立了工程管理硕士（MEM）教育中心。中心在研究生院指导下，依托 14 个院系，集中清华大学优质教育资源，开展针对工程管理硕士的培养工作，是清华大学较早跨院系的专业学位教育中心之一。

中心致力于充分发挥清华大学的工科和商科优势、产业服务平台和国际合作资源，围绕国家战略需求，开展理论联系实际的各种形式的教学活动，重在培养应用能力和职业胜任力，拓展行业视野和培养行业领导力的国家重点行业和新兴产业的骨干人才。

中心设有 MEM 管理委员会、培养委员会、咨询委员会，拥有来自各相关专业院系的一百多位优秀教师，全部教师均具有博士学位和海外学习研修经历，均为博士生导师或硕士生导师，有多年从事学术类研究生和专业类硕士生的授课经历，教学经验丰富。

（二）培养方向

1. 学生对核心管理领域知识的理解，如科学管理、系统思维等。
2. 学生对内在的和共同的管理知识的理解，如经济与财务、市场与营销、工作组织与人力资源、法律与政策。
3. 学生对经典管理内容的学习与掌握，如质量管理、生产管理、产品开发管理、过程管理、项目管理等。
4. 学生对工程管理所需的知识和技巧，如定量分析、信息处理、问题分析与解决方法等。

5. 注重开拓学生对工程管理前沿发展的视野。
6. 注重培养学生在实际工程项目或问题中的实践。

（三）培养机制

学习形式	非脱产在职学习
学制	2～3年（如学生遇到特殊情况可申请延期，全部时间最长不超过5年）
上课地点	主要在校本部授课（视情况部分课程可在上海、深圳及成都等地完成）
学费	学费分两次缴纳，共计16.8万元（该项目未设立奖学金）

（四）招生条件

1. 获得教育部承认的硕士学位或博士学位，到入学时有两年或两年以上工作经验的人员。
2. 获得教育部承认的大学本科毕业学历后，到入学时有三年或三年以上工作经验的人员。
3. 获得教育部承认的大学专科毕业学历后，到入学前有五年或五年以上工作经验的人员。

（五）毕业生未来发展方向

1. 重大工程建设项目实施中的管理者。
2. 重要复杂的新产品、设备、装备在开发、制造、生产过程中的管理者。
3. 技术创新、技术改造、转型、转轨、与国际接轨的管理者。
4. 产业、工程和科技的重大布局、发展战略的研究与管理者。

（六）院校提前批面试报名目录

提前批面试报名目录分为3个计划8个方向。

1. 普通计划

本计划为MEM的主体类型，面向学业基础较好、有坚实的工程技术基础和突出的管理素养、在工作中表现突出的优秀申请者而设。在培养中更加注重管理素养培养、更加注重国际国内重点行业视野的培养，教学活动大致按照每月一次集中上课的形式开展。基于本计划的定位，在提前面试时会更加关注申请者的工程技术相关的教育背景、工作经历和绩效表现、管理素养等。

- 能源与环境管理

本方向自 2012 级开始设立,为较早设立的 3 个方向之一。参与培养的院系有电机工程与应用电子技术系、能源与动力工程系、工程物理系、核能与新能源技术研究院、环境学院、水利水电工程系、化学工程系。

设立时间	参与培养的院系
自 2012 级开始	电机工程与应用电子技术系、能源与动力工程系、工程物理系、核能与新能源技术研究院、环境学院、水利水电工程系、化学工程系

- 设计与制造管理

本方向自 2012 级开始设立,为较早设立的 3 个方向之一。参与培养的院系有工业工程系、机械工程系、精密仪器系、车辆与运载学院、自动化系。

设立时间	参与培养的院系
自 2012 级开始	工业工程系、机械工程系、精密仪器系、车辆与运载学院、自动化系

- 信息管理

本方向自 2012 级开始设立,为较早设立的 3 个方向之一。参与培养的院系有自动化系、软件学院。

设立时间	参与培养的院系
自 2012 级开始	自动化系、软件学院

- 建设管理

本方向自 2018 级开始设立,参与培养的院系有建设管理系、水利水电工程系。

设立时间	参与培养的院系
自 2018 级开始	建设管理系、水利水电工程系

- 医养产业管理

本方向为 2020 级开始设立的试办方向,主要面向正在或计划从事医养产业规划管理、建设管理、运营管理,有一定相关专业背景或经验的考生。目前试办院系为工业工程系。

设立时间	参与培养的院系	培养对象
2020 级开始	工业工程系	正在或计划从事医养产业规划管理、建设管理、运营管理,有一定相关专业背景或经验的考生

- 融合创新

本方向为 2020 级开始设立的试办方向，主要面向正在或计划从事融合创新相关产业的规划管理、建设管理、运营管理、保障管理，有一定相关专业背景或经验的考生，相关报考资格的详细信息请发邮件索取（邮箱：thumem-jm@tsinghua.edu.cn）。因为需要进行资格审查，这一方向需要通过邮箱和网站进行双报名。该方向目前依托工业工程系融合创新与教育中心试办。

设立时间	试办方	培养对象
2020 级开始	工业工程系融合创新与教育中心	正在或计划从事融合创新相关产业的规划管理、建设管理、运营管理、保障管理，有一定相关专业背景或经验的考生

2. 标准化骨干计划
- 标准化管理

本计划为 MEM 的特色类型，根据 2015 年 10 月国家标准化管理委员会与清华大学签署的战略合作协议精神而设立。本计划面向在企业、科研院所或其他组织中参与标准化制定和教育推广活动的优秀技术和管理骨干而设。基于本计划的定位，在提前面试时会更加关注申请者的教育经历、标准化活动的从业背景、工作经历和绩效表现、管理素养等。

设立时间	提前批面试关注点	培养对象
2015 年 10 月	申请者的教育经历、标准化活动的从业背景、工作经历和绩效表现、管理素养等	在企业、科研院所或其他组织中参与标准化制定和教育推广活动的优秀技术和管理骨干

3. 研创新秀计划
- 研发与创新管理

培养目标	申请条件	课程特点
学业基础扎实、专业技能突出、创新意识强烈、具有创业梦想和能较多投入时间开展学习和研究的优秀青年申请者	• 具有本科毕业后 2 年的工作或创业经验 • 英语水平较高，掌握一项突出的工程专业技能 • 年龄一般不大于 26 岁	本计划课程作业强度更高，更加强调分析、设计、组织协调能力培养，更加强调研创活动实践和国际视野

二、院校报考流程

清华 MEM 2021 级考生可通过参加提前批面试，获得条件录取或条件录取递补资格。

1. 条件录取资格或条件录取递补资格申请详情

（1）符合国家报考条件的考生，依据以下流程申请参加提前面试，通过相关考核，部分可获得 2021 级条件录取或条件录取递补资格。

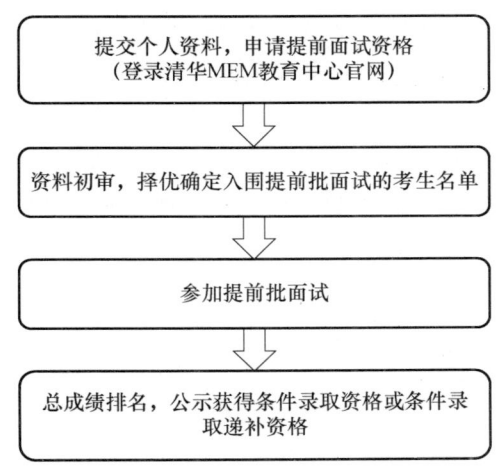

（2）2020 年 6 月 30 日之前，符合以下任意一项条件的清华 MEM 2020 级考生，申请 2021 级提前面试，可免去材料审核环节，直接获得提前批面试资格：

提前批面试成绩优秀，且在 2019 年 12 月联考时总分达到 155 分；

普通批次面试且在 2019 年 12 月联考时总分达到 180 分或复试总分达到 720 分。

2. 全国管理类联考

考生按教育部、省级教育招生考试管理机构、报考点及报考招生单位的网上公告要求报名考试，获得条件录取资格的考生需要提前准备好报名资料，在国家联考报名平台开放后的 5 天内完成报名并反馈报名凭据，因故无法按时完成的需要提前报备。

报考单位：清华大学。

报考专业：工程管理（专业学位硕士，专业代码：125601）。

报考院系：全部统一为 016（工业工程系）。

考试科目：管理类联考综合能力（199 分及以上）、英语（二）（204 分及以上）。

报考类别：定向就业（不安排住宿）。

⚠ 注：清华 MEM 考生报考均从工业工程系报名，入学统一归工程管理硕士教育中心管理。

3. 招生拟录取流程

（1）获得条件录取资格的考生：在全国管理类联考中通过"国家线"，参加复试政治考试和规定体检，两项均合格者自动进入拟录取名单，报学校研究生招生办公室审批。

（2）获得条件录取递补资格的考生：在全国管理类联考中通过"国家线"，参加复试政治考试和规定体检，两项均合格者，依据综合成绩排名，递补条件录取资格考生所剩余的名额，进入拟录取名单，报学校研究生招生办公室审批。

（3）普通报考考生：在全国管理类联考中通过该校 MEM 教育中心普通批面试分数线，参加复试政治考试、规定体检和面试，三项均合格者，依据综合成绩排名，在总剩余名额内，与其他条件录取递补资格考生一起，竞争进入拟录取名单，报学校研究生招生办公室审批。

三、面试流程

（一）正常批面试流程

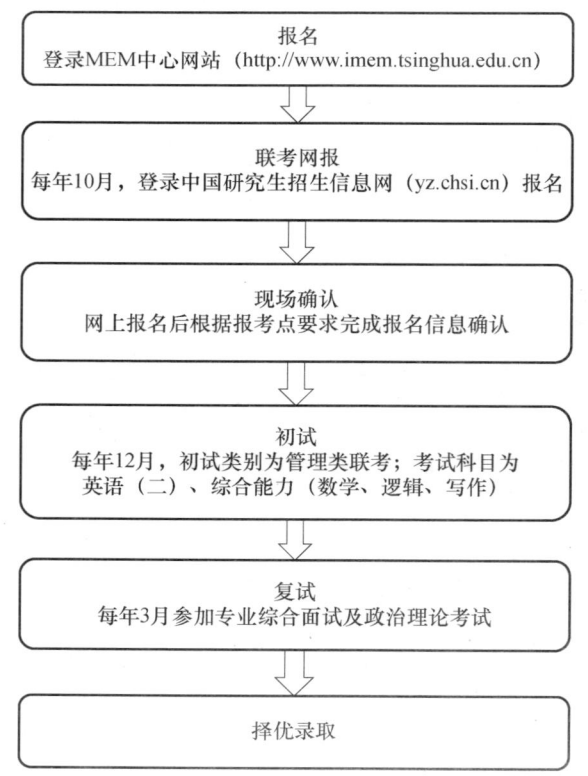

（二）提前批面试流程

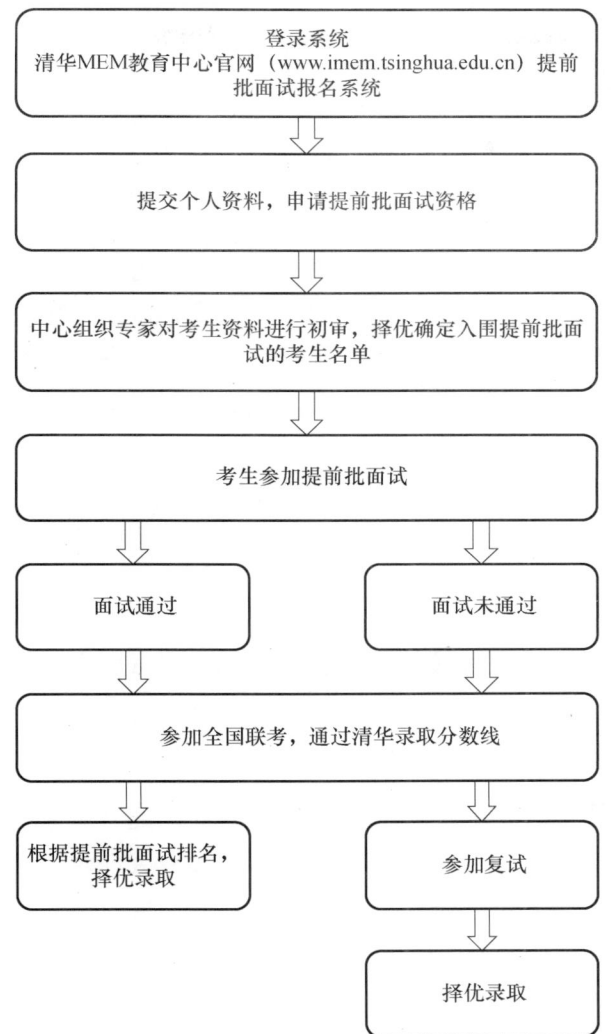

（三）面试日程安排

将根据上级招生领导部门政策另行通知具体面试时间。

批次	收取材料截止时间	计划面试时间
第一批	6月27日13：00	拟于8月中旬
第二批	8月9日13：00	拟于8月底
第三批	9月6日13：00	拟于9月底

四、面试素材

（一）个人简历

◆ **基本信息**

* 真实姓名：　　　　　　　　　　　　* 性别：

* 身份证号：　　　　　　　　　　　　* 出生日期：

* 联系电话（座机）：　　　　　　　　* 手机：

* 邮寄地址：　　　　　　　　　　　　* 邮政编码：

* 邮箱：　　　　　　　　　　　　　　* 紧急联系人姓名：

* 紧急联系人性别：　　　　　　　　　* 紧急联系人电话：

* 一寸照片（白底）：

◆ **教育背景**

* 最高学历：　　　　　　　　　　　　* 最高学历起止时间：

* 最高学历院校：　　　　　　　　　　* 最高学位：

* 最高学历专业：

◆ **本科教育经历（只填写本科和专升本的专科阶段教育经历）**

* 最后的本科院校：　　　　　　　　　* 学习方式：

* 学历：　　　　　　　　　　　　　　* 学位：

* 分类：（网页上有选项）　　　　　　* 学历证书编号：

* 专业：　　　　　　　　　　　　　　* 专业类别：

* 专业内排名/本专业人数：　　　　　 * 学位证书编号：

* 在校时间：

① 注：建议100字以内，不能有空行，可以空格缩进和正常换行，如字数超过，请在最终提交页面下载查看PDF报名表，核查是否显示完全。

◆ **本/专科教育经历：（此区只填写本科和专科阶段教育经历）**

* 其他本/专科院校：　　　　　　　　* 学习方式：

* 学历：　　　　　　　　　　　　　　* 学位：

* 分类：　　　　　　　　　　　　　　* 学历证书编号：

* 专业：　　　　　　　　　　　　　　* 专业类别：

* 专业内排名/本专业人数：　　　　　 * 学位证书编号：

* 在校时间：

◆ **硕士以上教育经历**

填写硕士及以上学历，包括院校名称、学习时间、学习方式、专业、学历学位及其他有助于评委评判的信息（建议 300 字以内，不能有空行，可以空格缩进和正常换行，如字数超过，请在最终提交页面下载查看 PDF 报名表，核查是否显示完全）。

◆ **外语水平**

a. 英语水平：(英语四六级、专业八级等)
b. 其他语种

考试名称：   其他语言：
获得证书时间：   证书编号：
上传证书扫描：

◆ **职业背景（非常重要）**

*全职工作经验（年）：   *管理岗位工作经验（年）
当前／最近工作：   *单位／公司中文名称：
单位／公司英文名称：   *工作所在省市：
*公司年营业额：   *单位／公司规模（人）
*主营业务：   *行业类别：
*公司性质：   *岗位类型：
*工作部门：   *工作职位：
*岗位职能：   *负责预算规模（万元）：
*本单位工作开始时间：   *本职位工作开始时间：
*目前年收入（万元）：   *年收入证明扫描件（上传）
*起始年收入：   *负责管理下属员工人数：
*本单位内岗位情况：   *上级姓名：
*职位：   *联系电话：
*是否同意直接和你的上级联系：
其他工作经历：

注意事项：

（1）"当前／最近"工作一栏：如果自己所在的是子公司、分公司，填写和自己直接签订劳动合同的所属分公司、子公司信息。

（2）"本单位内岗位情况"一栏：曾经做过的各岗位名称、职位、工作职责、工作业绩、汇报关系、下属人数等信息，建议 300 字以内，不能有空行，可以空格缩进和正常换行，如字数超过，请在最终提交页面下载查看PDF报名表，核查是否显示完全。

（3）"其他工作经历"一栏：从最近的开始填写，包括单位、工作时间、职位、汇报关系、下属员工人数、工作职责业绩、收入和离职原因等信息，建议300字以内，不能有空行，可以空格缩进和正常换行，如字数超过，请在最终提交页面下载查看PDF报名表，核查是否显示完全。

◆ **其他信息**

1. 职业资格
所获资格名称：　　　　　　　　　　　　　有效期至：
2. 获奖与荣誉
奖励与荣誉名称：　　　　　　　　　　　　获得时间：
颁发机构：　　　　　　　　　　　　　　　获奖原因：
3. 社会活动
活动名称：　　　　　　　　　　　　　　　起止时间：
简述活动内容和本人起的作用：

⚠ 注：建议300字以内，不能有空行，可以空格缩进和正常换行，如字数超过，请在最终提交页面下载查看PDF报名表，核查是否显示完全。

4. 境外工作/培训经历
起止时间：　　　　　　　　　　　　　　　国家：
公司单位/机构：　　　　　　　　　　　　培训内容：
上传境外经历相关证明：

⚠ 注："培训内容"一栏，建议300字以内，简要说明境外工作/培训经历内容，不能有空行，可以空格缩进和正常换行，如字数超过，请在最终提交页面下载查看PDF报名表，核查是否显示完全。

（二）推荐信

此推荐信由申请人的直接领导为推荐人填写。
致申请人
（请在"致推荐人"一栏的"申请人"后空格里填好您的姓名，并将此表送至您的推荐人）
致推荐人
清华MEM培养技术主导型企业的领导者、重大项目实施中心的管理者、产业和技术政策的制定者为目标。学员必须征得单位同意每月占用两天工作时间参加学习。

　　申请人＿＿＿＿＿＿＿＿（姓名必须与身份证/护照/回乡证上的相同）女士/先生（请选择）现向清华大学工程管理硕士教育中心申请攻读 MEM 课程。清华 MEM 在选择学生的过程中，非常注重申请人直接领导的意见。感谢您在百忙之中拨冗填写本推荐信，敬请您在填好表格后签字，并通过邮箱将推荐信扫描件发送至 thumem@tsinghua.edu.cn。

　　清华 MEM 将对此推荐信的内容严格保密，并十分感谢您能客观、具体地填写此推荐信。

申请人职务＿＿＿＿＿＿＿　　申请人下属员工人数＿＿＿＿＿＿＿

您认识申请人＿＿＿＿＿＿＿年

请描述申请人现任工作职责

您认为申请人有何优点？

在您看来，该申请人的工程实践能力与团体协作能力如何（包括与上级、同级、下级的协作工作能力）？

您认为申请人在哪些方面需要提高？

请就以下各项对申请人进行评估：

能力	优秀	良好	平均	低于平均	无法判断
分析判断能力					
成熟程度					
人际交往					
口头表达					
书面表达					
领导潜能					
主动性					

请给出您对申请人的总体评价：
○ 极力推荐　　　　○ 推荐
○ 有保留的推荐　　○ 不推荐

推荐人姓名		职务/职称	
单位			
地址			
邮政编码		电话	传真

推荐人签名：_____　　日期：_____

（三）自述短文

请描述你所在单位的主要业务范围？你在现单位的职务及主要工作内容？（不多于 500 字）

第二节　北京大学软件与微电子学院

一、院校简介

（一）概况

北京大学软件与微电子学院工程管理硕士（MEM）项目，以培养互联网、金融、信息、管理等多维交叉型人才为目标，运用国际先进的培养理念与培养方法，全力整合校内外优质教育资源，打造并分享学习、研究、实践、交流的综合平台，培养具有丰富互联网精神、信息化知识和娴熟工程管理技能，善于思考、长于创新、富有团队精神的复合型领袖人才。

学院 MEM 项目 2020 年计划招收全日制和非全日制工程管理硕士专业学位研究生，不接收推荐免试研究生。

（二）2021 年 MEM 研究方向

学习方式	研究方向
全日制	创新工程管理
非全日制	创新工程管理、金融科技、商业数据分析、人工智能

注：人工智能对有计算机和软件基础的考生优先考虑。

（三）培养机制

类型	学制	上课地点	上课时间	可选研究方向	学费
全日制班	2 年	大兴校区	学校课表安排	创新工程管理	9.9 万元
非全日制（周末）班	2 年	北大本部	每周六、日	金融科技、创新工程管理、商业数据分析和人工智能	18.8 万元
非全日制（集中）班	2 年	北大本部	4 天/月（周四至周日上课）	金融科技	

（四）招生条件

申请人在申请提前面试和全国联考报名前应仔细核对本人是否符合报考条件，凡不符合报考条件的申请人将不予录取，相关后果由申请人本人承担。

1. 中华人民共和国公民。

2. 拥护中国共产党的领导，品德良好，遵纪守法。

3. 身体健康状况符合国家和北大规定的体检要求。

4. 满足以下条件之一者：

（1）大学本科毕业后有3年以上工作经验的人员（2018年9月1日前获得毕业证、学位证书）。

（2）获硕士学位或博士学位并有2年以上工作经验的人员（2019年9月1日前获得毕业证、学位证书）。

（3）获得国家承认的高职高专学历后，有5年以上工作经验，达到与大学本科毕业生同等学力的人员（2016年9月1日前获得毕业证书）。

二、面试流程

（一）正常批面试流程

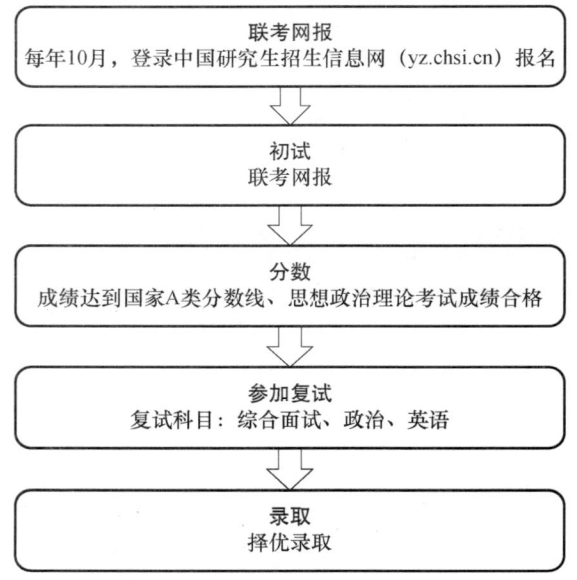

（二）提前批面试流程

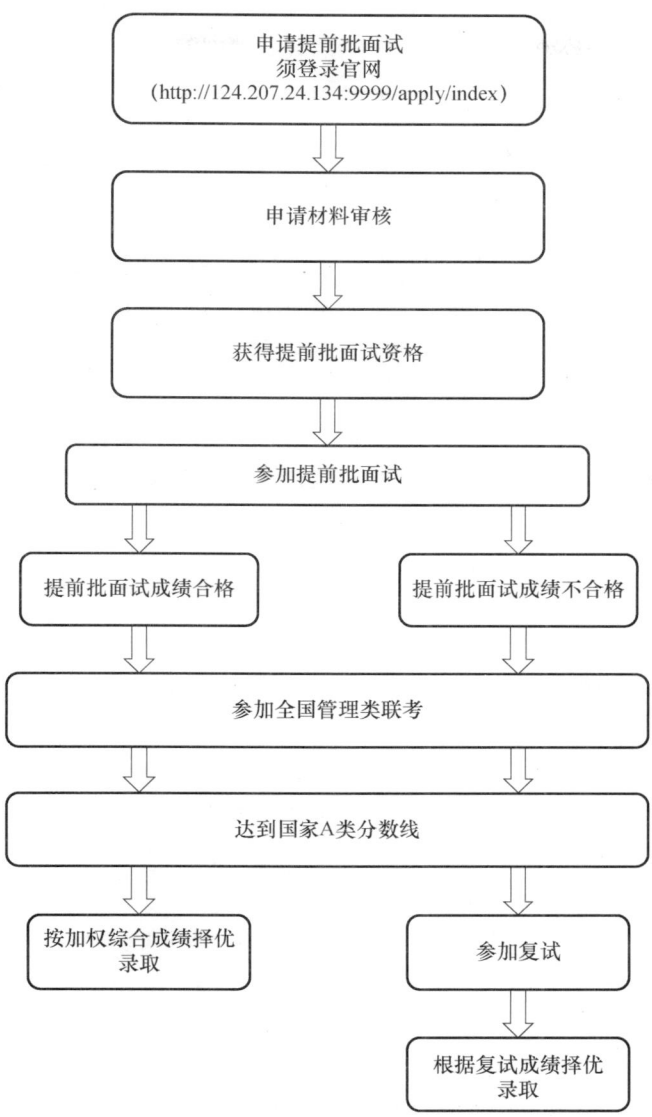

获得提前批面试资格的考生需按要求参加学院组织的面试。面试主要考核考生的综合素质、工程管理实践能力、逻辑思维能力、基础知识水平和英语能力。思想政治素质和品德的考核工作也在提前批面试中进行，成绩计入复试总成绩。思想政治品德考核不合格者不予录取。

面试成绩满分为 100 分，60 分为合格。提前批面试计划安排在 2020 年 10 月中旬（因受疫情防控影响，提前批面试时间有可能发生变化，请及时关注学院官网发布的 MEM 提前批面试通知）。面试结果将在面试后一周内在学院 MEM 招生系统中公布。

考生需缴纳复试费，收费标准按北京教育考试院规定执行。

⚠ 注：每位考生当年有且仅有一次参加提前面试的机会。自 2021 级起，提前面试成绩仅当年有效。

三、面试日程安排

获得提前批面试资格的考生需按要求参加学院组织的面试。面试主要考核考生的综合素质、工程管理实践能力、逻辑思维能力、基础知识水平和英语能力。思想政治素质和品德的考核工作也在提前批面试中进行，成绩计入复试总成绩。思想政治品德考核不合格者不予录取。

面试成绩满分为 100 分，60 分为合格。提前批面试计划安排在 2020 年 10 月中旬（因受疫情防控影响，提前批面试时间有可能发生变化，请及时关注学院官网发布的 MEM 提前批面试通知）。面试结果将在面试后一周内在学院 MEM 招生系统中公布。

四、面试素材

（一）个人简历

◆ 基本信息

* 真实姓名：　　　　　　　　　* 手机号：

* 邮箱：　　　　　　　　　　　* 出生地：

* 性别：　　　　　　　　　　　* 证件类型：

* 证件号：　　　　　　　　　　* 出生日期：

* 个人年收入（单位：万元）：　* 父亲职业：

* 母亲职业：　　　　　　　　　* 本人有效邮寄地址：

* 邮政编码：　　　　　　　　　* 紧急联系人姓名：

* 紧急联系人性别：　　　　　　* 紧急联系人手机号：

* 与本人关系：　　　　　　　　* 籍贯地：

* 生源地：　　　　　　　　　　* 户口所在地：

* 户口具体地址：　　　　　　　* 邮政编码：

* 档案所在地：　　　　　　　　* 档案具体地址：

* 邮政编码：

◆ 教育背景

*最高学历：　　　　　　　　　　　　*最高学历开始时间：
*最高学历截止时间：　　　　　　　　*最高学历毕业院校：
*最高学位：　　　　　　　　　　　　*学习方式：
*最后的本／专科院校：　　　　　　　*学习方式：
*学历：　　　　　　　　　　　　　　*学位：
*分类：　　　　　　　　　　　　　　*学历证书编号：
*专业：　　　　　　　　　　　　　　*专业类别：
*学位证书编号：

◆ 其他学历（成人专科／本科）

*毕业院校：　　　　　　　　　　　　*学习方式：
学位：　　　　　　　　　　　　　　　学历证书编号：
专业：　　　　　　　　　　　　　　　专业类别：
学位证书编号：　　　　　　　　　　　毕业时间：

◆ 外语水平

英语水平：　　　　　　　　　　　　　其他语种：

◆ 工作背景（非常重要，请认真填写）

*全职工作经验（年）：　　　　　　　*管理岗位工作经验（年）：
*单位／公司中文全称：　　　　　　　单位／公司英文全称：
*单位／公司规模（人）：　　　　　　*主营业务：
行业类别：

　　□ 金融服务　□ 咨询　□ 能源／化工　□ 科技／新媒体／电信
　　□ 房地产开发及电信　□ 服务行业　□ 非盈利组织／政府机构／事业单位　□ 制造业　□ 批发／零售／贸易　□ 医药／保健／生物科技　□ 媒体／娱乐／广告公关　□ 其他

*公司性质：

　　□ 外资／合资企业　□ 自主创业　□ 国有企业　□ 民营企业
　　□ 政府机构　□ 事业单位　□ 其他

*岗位类型：

☐ 高层管理（总经理／副总经理以上级） ☐ 高级管理（总助／执行主任／执行总监级） ☐ 中级管理（总监／部门经理级） ☐ 初级管理（主管级／一般经理级） ☐ 高级专业人士 ☐ 初级专业人士 ☐ 管理培训生 ☐ 其他

*岗位职能：

☐ 金融／服务 ☐ 咨询／战略／业务发展 ☐ 综合管理 ☐ 政府公务员 ☐ 销售／客户经理 ☐ 项目管理 ☐ 市场营销／产品管理 ☐ 供应链管理 ☐ 人事／行政 ☐ 技术研发 ☐ 其他

*工作职位：	工作部门：
*本单位工作开始时间：	*本单位工作结束时间：
*目前年收入（万元）：	*起始年收入（万元）：
*负责管理下属员工人数（人）：	*本单位内岗位情况：
*上级姓名：	*职位：
*联系电话：	*是否同意直接和你的上级联系：

◆ **创业经历**

单位全称：	单位地址：
行业类别：	公司性质：
岗位类型：	开办时间：
主营业务内容：	本人所占股份（％）：
核心团队创业人数（人）：	公司员工总数（人）：
下属员工人数（人）：	所在省市：
所属部门工作职能：	工作职位：
公司注册资金（万元）：	最近一年营业额的年份（年份）：
最近一年营业额（万元）：	本人出资额（万元）：
创业类型：	说明在公司内具体职务和职责：
企业的产品／服务：	描述产品和服务的创新特性：
用数据说明企业所在市场的规模、成长性：	
创业原因和公司主要发展经历：	证明人：
证明人身份：	联系电话：

ⓘ 注：个人简历中，部分内容可参考清华大学个人简历中对应的内容，填写内容应一样。

（二）资料的填写

1. 基本信息

简历中的姓名、性别、国籍等都属于考生的基本信息，对于这些基本信息，考生填写的信息必须真实有效。在填写基本信息时，联系方式尽量不要使用 QQ 邮箱，电话要保持畅通。考生提交的照片为近照，照片背景宜为浅色，服装宜为深色，发型不宜太夸张。

2. 教育经历

院校在审核考生的教育经历时，会全面评估考生的学习成绩、排名及学校的水平等，同时也会关注考生在学校的校园活动及获得的荣誉，而院校也不会因为考生曾经的母校不是重点院校而进行扣分。由于每个考生的院校学术标准不同，院校不会仅根据考生的成绩高低做出简单的判断，而是会参考情况，对考生的学习态度、学习能力做出判断。考生提交的信息必须真实有效，否则将被取消申报资格。

3. 工作背景

工作背景是各院校最看重的一点，因此在申请材料中都要求考生提供自己目前及以往工作经历的相关资料。考生要用心准备这部分资料，对自己通过资料审核、获得面试资格是很有帮助的。

（1）**工作经历。**这是申请材料中最重要的部分，考生应将自己的工作经历填写完整，包括公司名称、职位、职位职责、业绩、离职时间等，应注意以下几点：

- **工作经历填写完整**

考生在申请材料中将所有工作经历罗列出来，对比较重要的工作经历进行详细的阐述。院校教师比较在意考生职业生涯的完整性，尽管近几年有不愉快的工作经历，也不能将其抹掉。若考生目前处于失业状态，也不能随意填写工作经历，应如实填写。

- **参与的项目描述清楚**

考生在填写工作经历时，要将参与过的项目填写准确，不能只罗列出"做过什么，做的是什么"，而应将自己参与项目的时间、担当的职务、参与的过程及业绩等描述清楚，因为院校非常注重这方面的内容，院校会通过这些内容考查考生自身技能、团队合作能力、组织协调能力等。

- **切勿过度夸大自我**

在审核材料时院校教师很看中考生的自身技能、团队合作、组织协调等能力，因此，很多考生会过度夸大自己在团队中的作用。院校教师每年面对无数考生，早已练就一番本事，他们会通过各种方式考核考生是否具备这些能力，所以考生要如实撰写，切勿夸大自我。

【范文示例】

2014年7月至2017年1月，我任××经理一职，负责公司××的全盘工作，年薪从最初20万元增长到54万元。从收银、核账等日常工作做起，到现金、银行账户的收支、日常经营的账务核算，再到负责××产品的质量、数量及价格的把控，我逐渐对××的运营有了完整而细致的了解。通过组织员工每月在工作内容、服务精神等方面进行一次培训，对团队精神有了深层次的理解，也积累了更多的员工管理经验。公司营业收入由2014年的350万元，逐年递增，2016年完成2212万元的销售，增长率为532%，并连续3年被当地税务部门评为纳税信用等级A级。之后，我因创办××公司而离职。

（2）**企业背景**。企业背景是指公司是做哪一行的，企业规模多大，经营范围有哪些，与其他企业及政府的合作等，以及企业所牵扯到的部门、人群、产品立足于哪些市场。

如今，企业的数量在不断增加，院校教师不可能了解所有企业的情况，这就需要考生来介绍自己的企业，院校教师会通过考生的介绍来了解考生所在企业的现状和未来。

（3）**企业简介**。在"企业简介"这一项，要做到简洁明了，先介绍企业的基本情况，再介绍企业的产品，可从以下几个方面介绍：

- 公司背景；
- 行业背景；
- 公司服务内容或者产品介绍；
- 公司员工和公司的结构介绍；
- 公司的顾客群或者范围介绍。

【范文示例】

××公司在××市××单位中名列前茅。2018年实现生产销售××，销售收入××万元，在××市激烈竞争中，公司凭借优良的质量保证、无生产事故、及时高效的服务等优势，吸引了众多重点工程建设单位的青睐。大型××企业、地方政府重点开发项目都与公司签订了长期的合同。在国家推行稳步增长的经济政策下，扩内需、助民营企业、重视生态保护和环境治理等政策都与我们企业相关。我们以××的宗旨，将充分利用政府重视民营企业的政策红利，吸引优质资本和合作单位，促进公司更快、更好地发展。

（三）推荐信

此推荐信由申请人的直接领导作为推荐人。

致申请人

请在"致推荐人"一栏的"申请人"后空格里填好您的姓名，并将此表送至您的推荐人。

致推荐人

申请人_____（姓名必须与身份证/护照/回乡证上的相同）女士/先生（请选择）现向北京软件与微电子学院申请攻读 MEM 课程。学院在选择学生的过程中，非常注重申请人直接领导的意见，感谢您在百忙之中拨冗填写本推荐信。

| |
| |
| |
| |

⚠ 注：框里写出申请人现任工作职责、申请人的优缺点、申请人的专业技能、组织协调能力与团体协作能力和您认为申请人需要提高的地方。

请给出您对申请人的总体评价：

○ 极力推荐　　　　○ 推荐

○ 有保留的推荐　　○ 不推荐

推荐人姓名		职务/职称	
单位			
地址			
邮政编码		电话		传真	

推荐人签名：_____　　　　日期：_____

第三节　北京航空航天大学

一、院校简介

（一）概况

北京航空航天大学经济管理学院成立于 1956 年，是我国理工科大学中成立最早、省部级重点实验室最多的经济管理类院系，是全国首批 8 个具有管理科学与工程国家重点学科的学院之一。学院是"211工程""985工程"和"双一流"的重点建设单位,是首批"2011计划"国家协同创新中心、北京高校高精尖创新中心的建设单位。

学院现有管理科学与工程、应用经济学、工商管理、统计学4个一级学科,有9个系,4个博士学位授权点和1个博士后流动站。管理科学与工程在2006年、2012年教育部组织的一级学科评估中全国排名第六。学院已形成以管理科学与工程为龙头,工商管理、经济学、统计学综合交叉的学科协调发展生态。

学院实施开放的办学战略,逐步形成全方位、多层次的国际交流格局,有效提升了学院的国际影响力。先后与加拿大约克大学等20所著名大学、知名研究机构建立合作关系,在学生互换、科研合作、师资交流等领域建立广泛的国际交流合作。2013年成立"中加高层管理教育中心",2014年获批北京市国际科技合作基地。已成功主办十三届中日工业管理国际学术会议、国际计算机与工业工程大会、偏最小二乘及相关方法国际会议、价值工程与价值管理国际会议、计算交通科学国际研讨会、SPS案例研究方法研讨会等。

(二)培养目标

为政府部门、企事业单位、公共机构、大型工程项目、生产过程优化、两化融合和智能制造、工程大数据分析等领域培养具备良好的思想政治素质和职业道德素养,掌握项目管理、工业工程、数据与信息工程管理的理论和方法,能够独立承担复杂工程管理工作和解决工程实践中的管理问题,具有创新思维和卓越管理能力的高层次、应用型专门人才。

(三)培养机制

班型	周末班
上课时间	每周六、日(遇法定节假日正常休息)
培养学制	2年
学习年限	2~4年
学费	12.8万元(分两次缴清)
备注	(1)仅招收定向就业类别考生 (2)初试网报阶段应选择"不区分研究方向"

（四）研究方向

1. 项目管理

主要研究工程项目整合管理、范围管理、进度管理、成本计划和管理、质量管理、风险管理等内容，重点解决复杂工程项目中的管理难题。

2. 工业工程

主要研究生产与服务战略、组织设计与流程管理、生产计划与控制、物流与供应链管理、工作分析与劳动定额研究等内容，重点解决重大工程中的管理优化等难题。

3. 数据与信息工程

主要研究工程项目中的信息化战略和规划、信息系统开发和实施、数据治理规划和设计、两化融合和智能制造、大数据分析和应用等内容，重点解决重大工程实践中的信息化管理难题。

（五）招生条件

1. 国家承认本科学历的毕业生，大学本科毕业后工作 3 年（含）以上；
2. 获国家承认的高职高专毕业学历后，有 5 年（含）以上工作经验；
3. 获硕士学位或博士学位后，有 2 年（含）以上工作经验的人员。

二、面试流程

（一）正常批面试流程

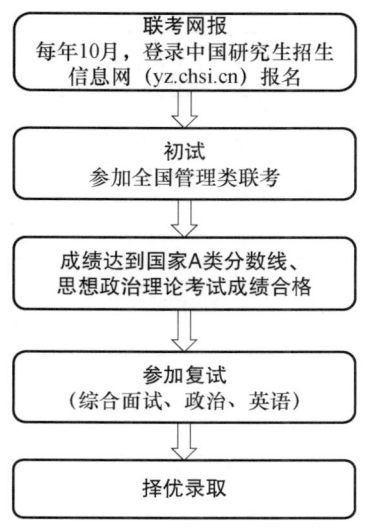

注：北航为自主确定复试分数线的学校，满足北航复试要求的考生须参加复试。复试采取差额形式，差额比率一般不低于120%。复试时间一般在 3 月中下旬进行。

（二）提前批面试流程

2020年北航MEM招生采取"4+1"的面试方式，即4次提前批面试+1次正常批面试（2021年面试流程详情参考北京航空航天大学官网），具体流程如下图所示。

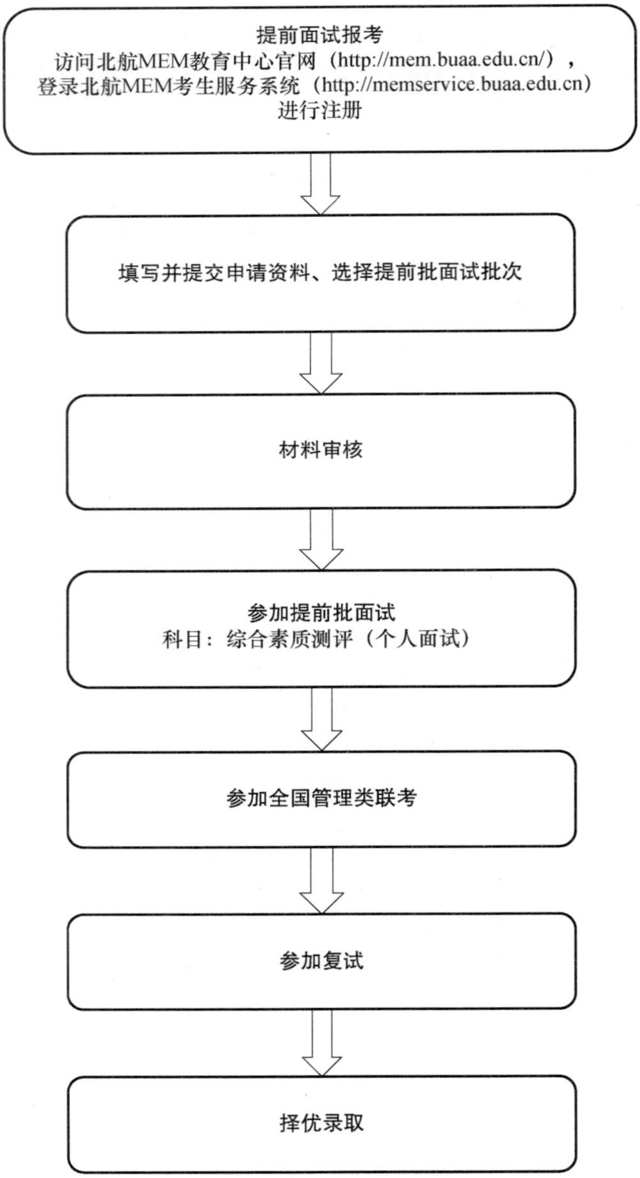

```
提前面试报考
访问北航MEM教育中心官网（http://mem.buaa.edu.cn/），
登录北航MEM考生服务系统（http://memservice.buaa.edu.cn）
进行注册
          ↓
填写并提交申请资料、选择提前批面试批次
          ↓
材料审核
          ↓
参加提前批面试
科目：综合素质测评（个人面试）
          ↓
参加全国管理类联考
          ↓
参加复试
          ↓
择优录取
```

三、复试流程

复试时间一般在 2021 年 3 月中下旬进行。复试的具体方式和要求请登录北航研究生招生信息网（http://yzb.buaa.edu.cn/）查询。

（1）考生在复试时须提交以下材料。

①满足第一志愿学院第一志愿专业复试要求的考生，须提交复试通知书（北航研究生招生信息网下载，无须盖章）；满足调剂学院要求的考生则须提交初试成绩单（中国研究生招生信息网下载，无须盖章）。

②考生本人有效居民身份证原件及一份身份证件正反面的复印件，复印件纸型为 A4 纸，身份证件正反面需复印在同一页面上。

③现实表现材料（附件：2021 年北京航空航天大学硕士研究生。学院复试时不仅对考生进行思想政治素质和品德考核，还将结合其学习工作单位出具的现实表现材料进行评价，考核评价不合格者，不予录取）。

④考生本人签字的身体健康情况说明。

⑤学历证书（毕业证书）原件及一份复印件。

⑥由档案所在工作单位人事部门提供的在校历年学习成绩表复印件，并加盖档案所在工作单位人事部门公章；若无工作单位，须由档案存放管理部门提供档案内存放的在校历年学习成绩表的复印件，并加盖档案存放管理部门公章。

⑦以同等学力身份报考北航的考生，还须提供符合其报考资格要求的各类材料原件及复印件。

⑧学院要求提交的其他材料（复试前另行通知）。

（2）报考 125601 工程管理专业参加考试的考生，思想政治理论考试由学院在复试中进行，并计入总成绩。

（3）根据《北京市发展和改革委员会、北京市财政局关于部分高等教育招生考试收费标准的函》（京发改〔2012〕1358 号），参加复试考生每人需缴纳复试费 100 元。

（4）考生提交的信息须真实有效，否则录取资格无效。

（5）录取为定向就业类别的考生，须书面向学院说明情况，并与北航签署相关定向就业培养协议。被录取的定向就业考生均不转人事档案、户口等，且北航不解决住宿。

（6）申请保留入学资格且不能在 2021 年 9 月开学时报到的考生，复试时须向学院提交书面申请（无模板），说明保留入学资格年限及保留年限内的去向。

（7）北航原则上仅接收第一志愿报考我校考生申请的调剂，具体以2021年公布的复试相关规定为准，届时考生可登录北航MEM官网（http://mem.buaa.edu.cn/index.htm）查看相关信息。

四、面试素材

（一）个人简历

◆ 基本信息

* 姓名：　　　　　　　　　* 姓名拼音：

* 移动电话：　　　　　　　* 证件类别：

居民身份证：　　　　　　　* 证件号码：

* 性别：□ 男　□ 女　　　* 出生日期：

户籍所在地：　　　　　　　户籍详细地址：

居住地址：　　　　　　　　民族：

政治面貌：□ 党员　□ 预备党员　□ 团员　□ 群众　□ 其他

婚姻状况：　　　　　　　　档案所在单位：

档案所在单位地址：

身份证正反面：

照片

个人所得税完税证明：

紧急联系人：　　　　　　　　　　　　紧急联系人电话：

家庭成员 1

姓名：　　　　　　　　　　　　　　　称谓：

联系电话：　　　　　　　　　　　　　工作单位：

职务：

家庭成员 2

姓名：　　　　　　　　　　　　　　　称谓：

联系电话：　　　　　　　　　　　　　工作单位：

职务：

家庭成员 3

姓名：　　　　　　　　　　　　　　　称谓：

联系电话：　　　　　　　　　　　　　工作单位：

职务：

注：上述需要上传照片的部分，上传文件限制大小为 3MB。

◆ **教育背景**

* 毕业时间（精确到月份即可）：　　　　* 毕业院校：

* 所学专业：　　　　　　　　　　　　　* 学历：

* 学位：　　　　　　　　　　　　　　　* 证书类别：

* 学历证书编号：　　　　　　　　　　　学位证书编号：

* 学习形式：

* 学历证扫描件

注：上传文件限制大小为 3MB，请上传毕业证书彩色图片，学历为专升本、自考独立本科段的，需同时填写专科学历信息。

* 学位证扫描件：

⚠ 注：上传文件限制大小为 3MB，请上传学位证书彩色图片，双学位的请拼图后上传。

* 成绩单扫描件：

⚠ 注：上传文件限制大小为 3MB，应为由毕业学校或档案所在工作单位人事部门或档案存放管理部门盖章的"在校历年学习成绩单"彩色扫描件。

* 学历认证报告：

⚠ 注：上传文件限制大小为 3MB，"学历认证报告"处可上传《中国高等教育学历认证报告》或《教育部学历证书电子注册备案表》（须包含清晰的二维码）、外国学历。

◆ 培训教育

＊培训名称： ＊培训起始日期：
＊培训终止日期： ＊总学时：
＊培训内容： ＊培训形式：
培训证书上传：

◆ 职业经历

全日制工作年限： 管理岗工作年限：
＊实际工作单位： ＊开始日期：
＊终止日期： ＊上市情况：
＊单位性质： ＊所属行业：
＊公司总资产（万元）： ＊公司年销售额（万元）：
＊单位地址： ＊单位员工人数：
＊下属员工人数： ＊所在部门：
＊担任职务： ＊职务级别：
＊工作职责： ＊年收入（万元）：
＊直接上级姓名： ＊直接上级职务：
＊证明人及联系方式：
组织结构图：

◆ 创业经历

＊单位全称（不能空）：　　　　　　　　＊单位地址：
＊行业类别：　　　　　　　　　　　　　＊开办时间：
＊主营业务内容：　　　　　　　　　　　公司注册资金（万元）：
资金来源：　　　　　　　　　　　　　　融资情况：
＊本人出资：　　　　　　　　　　　　　＊本人所占股份（百分比）：
＊核心团队创业人数：　　　　　　　　　＊公司员工总数：
＊工作职位：　　　　　　　　　　　　　＊下属员工人数：
＊工作职责：　　　　　　　　　　　　　＊最近一年营业额（万元）：
＊公司简介或前景分析：
＊营业执照：

＊公司章程：

◆ 海外经历

＊出国（境）目的（不能空）：　　　　　＊出国（境）日期：
＊回国日期：　　　　　　　　　　　　　＊所在国家（地区）：
＊所去单位：　　　　　　　　　　　　　＊派出单位：
＊说明：
＊批文／证书：

◆ 语言等级

英语等级：　　　　　　　　　　　＊语种：
＊外语等级：　　　　　　　　　　＊证书发放单位：
＊证书扫描图片：

◆ 职业资格

＊资格名称：　　　　　　　　　　＊资格类别：
＊资格级别：　　　　　　　　　　＊取得途径：
＊资格审批单位：　　　　　　　　＊取得资格日期：
＊专业技术任职资格证书：

MEM 面试通关指南（精编版）

◆ 获奖情况

*奖项名称：　　　　　　　　　　　奖项排名：
*奖项类别：　　　　　　　　　　　*奖项批准机关名称：
*奖项设置：　　　　　　　　　　　*授予荣誉名称级别：
*获奖证书上传：

| |
| |

（二）推荐信

每位申请人自愿提交 1 封推荐信（中文即可），并请提供推荐人的个人信息。

推 荐 信

致推荐人：

　　兹有申请人报考北京航空航天大学经济管理学院工程管理硕士（MEM），衷心感谢您在百忙之中拨冗填写本推荐信。请您完整填写下列内容，如果您有其他补充，请附在表后。请您签名后交还申请人，由申请人随其他申请资料一并提交给北京航空航天大学经济管理学院 MEM 教育中心。

申请人姓名：_____　　　　职务：_____

您在何种场合认识申请人？认识申请人已有多长时间？

_____

_____

请您评价申请人的突出优点及特点。

_____

_____

在您看来，该申请人的工程实践能力与团体协作能力如何？（包括他与上

级、同级、下级的协作工作能力）

_____

_____

_____

请就以下各项对申请人进行评估：

评估方面	优秀	良好	平均	低于平均	无法判断
道德品质					
想象力与创造力					
工程实践能力					
管理沟通能力					
团队协作能力					
分析判断能力					
逻辑思辨能力					
领导能力					
英语程度					

您认为申请人在哪些方面需要进一步提高？

_____

_____

请给出您对申请人的总体评价：
○ 极力推荐　　　　○ 推荐
○ 有保留的推荐　　○ 不推荐

推荐人姓名		职务/职称	
单位			
地址			
邮政编码		电话		传真	

推荐人签名：_____　　日期：_____

（三）自述短文

1. 请结合个人性格特点及自身经历说明您五年内的职业规划。面对 MEM 学习所需的大量时间投入，您将如何将它融入您的日程计划？如何克服学习过程中遇到的困难？

【范文示例】

大学毕业后满怀信心地加入了××行业，工作前几年连续频繁出差开展售后服务，曾经用 4 个月的时间去了 50 多个城市。虽然行了万里路但是目的不一样。不过我依然可以保持乐观的态度，对待客户总是不厌其烦地为其处理各种问题。虽然在 2015 年我就被提升为××部门售后服务经理，但是在努力做好服务的同时事业也处在一个瓶颈期。

我希望通过学习 MEM 努力提高自己的职业技术水平，提高服务效率，并努力带领我们售后部门在更好服务客户的同时，建立更完善的零配件销售体系，取得部门利润上的提升。

三年内：计划能更多地参与到工厂的产品体系培训中，并学习更多的××产品知识和重新组建××团队，使××的理念能够深入到××中去。从原来的售后服务支持拓展至售前培训、售中支持，售后服务形成完整体系性服务。

五年内：经过不断的学习和人脉的建设，我也希望能够在××圈子有自己的立足之地，通过自己的经验培养出更多有能力的工程师，并根据自己多年的经验及公司的大平台努力开发出真正属于国人自己的××产品。从售后服务人员转型为能够全面发展的专业××领域从业人员和技术顾问。

面对 MEM 学习需要的大量时间投入，我将全力以赴，抓住和利用所有可以利用的时间，并合理分配。早晨 6 点起床开始英语学习，清醒大脑的同时也提高了记忆效率。上班路上也会利用乘车时间了解财经类新闻，获取当下的实事经济新闻。我在平时的工作中也会处理公司的大量邮件和技术问题，即便工作时无空闲，我也会利用饭后时间复习一下早晨背诵或阅读的单词，下班后避免参加不必要的聚餐，节约时间，学习数学和进行试题训练。对做好的学习规划就算再忙也不能打乱，一定要按部就班地努力完成，睡前从关注的 MEM 公众号中读一篇相关文章。

万事开头难，坚持最重要，只要下定决心，明白 MEM 学习的目的，一定可以完成学习。

2. 请描述您所在单位的基本情况和您所负责的工作内容。

【范文示例】

××有限公司是××集团股份有限公司的全资子公司，××致力于××产品的研发和生产，采用国际合作、自主深化研发双重模式打造集医疗设备研发、生产、培训、教学、服务等于一体的××。产品链包括××、××等多种装备。

本人目前工作部门为公司的售后服务部，我在部门内担任××产品类项目经理，主要工作内容如下：

① ××设备的技术支持；

②售后服务部门中××类产品重点、难点部分的维修案例编写；

③负责公司代理的××产品与国外厂家的交流反馈、售后服务对接；

④负责配合公司研发部门××产品研发上的技术支持和生产改进意见传达；

⑤汇总××售后服务部门所需配件申购，易损件红线库存的检查，相似可替换件的国内查找，每季度统计保外产品零配件申购预算；

⑥审阅全国驻外30多名工程师的月报，管理工程师技能考核评定特殊用户的工程师调派等，年度工程师技能水平大赛评委；

⑦组织企业内部培训、联系国外厂家入驻企业进行售后服务培训、组织线上直播培训，开设每月一次案例分析线上小课堂；

⑧每月通过与工厂的邮件对接反馈本月××类产品的质量、故障率、不良品信息等。

3. 请列举您在工作中的3个最主要成就，并客观评价自己在工作中的优势和不足。

【范文示例】

①第一个成就：

2019年，完成××的策划，××设备的开发，项目顺利移交××工厂，在此项目开发过程中，取得2项专利申请。

②第二个成就：

2017年，完成××规划，××工艺布局规划，××物流规划，××规划，完成××的建造与装修，生产线设备架设。

③第三个成就：

2015年，完成××数据管理系统和作业指导书电子化应用。

④工作中的优势：

a. 我在职业上的优势是经验比较丰富，我也一直在××领域工作；

b. 多年的项目管理经验让我拥有扎实的专业技能，以及优秀的抗压能力和协调能力；

c. 具有技术背景，擅长项目管理、新产品开发、工业自动化设备的开发与管理、精益生产、工艺布局，以及生产线与厂房规划；

⑤不足：

我目前正处于事业发展的关键期，更需要一些管理方面的知识和技能提升，故我报考MEM来弥补我的不足，扩展自己的行业视野，提升自己的管理能力。

第四节　北京邮电大学

一、院校简介

（一）概况

北京邮电大学经济管理学院的前身是1955年建校时成立的三大系之一的工程经济系，1980年重建为管理工程系，1997年学校院系调整时组建管理与人文学院，2000年5月重组成立经济管理学院，2017年公共事业管理专业并入。经过60余年的建设与发展，学院形成了信息通信背景浓郁、学科专业特色鲜明的多层次的学科与专业布局。

目前学院设有博士后科研流动站管理科学与工程，一级学科博士授权点管理科学与工程，4个一级学科硕士点（管理科学与工程、工商管理、应用经济学、公共事业管理），6个专业学位硕士点（工商管理、高级工商管理、项目管理、工程管理、国际商务、公共管理），9个本科专业和北京市双培计划项目（电子商务专业互联网物流方向，电子商务专业互联网商务方向）。

学院现有教育部首批建设的5个教育部战略研究培育基地之一——"北京邮电大学高水平特色型大学发展战略研究中心"，"信息管理与经济"工业和信息化部重点实验室，北京市级实验教学示范中心，以及院属众多学术研究机构。近年来，学院承担了国家"973"计划、国家"863"计划，国家自然科学基金、国家社会科学基金，国家软科学，教育部人文社科等数十项国家级重大课题，众多省部级纵向课题和国际合作项目，千余项横向企业课题，每年科研经费达到2000万元以上。

（二）培养方向

1. 注重向学生提供对核心管理领域知识的理解，如市场、会计、组织行为、商业道德、法律及金融等。
2. 注重向学生提供对内在的和共同的管理知识的理解，如系统工程、全面质量管理、生产管理、产品设计和过程设计管理等。
3. 注重向学生提供不同管理层面管理工程功能所需的知识和技巧。
4. 注重向学生提供在实际工程项目或问题中将技术和管理进行集成的经验。

（三）培养机制

学费	9.6万元（分两次交清，4.8万元/年）
学制	2年
上课时间	周六、日（法定节假日休息）

（四）招生条件

1. 大学本科毕业后，有 3 年以上工作经验的人员。
2. 获得国家承认的高职高专毕业学历或大学本科结业后，符合北京邮电大学相关学业要求，达到大学本科毕业同等学力并有 5 年以上工作经验的人员。
3. 获硕士学位或博士学位并有 2 年以上工作经验的人员。

（五）未来发展

多年以来，经济管理学院工程管理学科依托北京邮电大学通信工程主干学科和优势学科，形成了培养具有工程技术与管理能力的复合型、高层次高级专业人才为特色的工程硕士教育模式，形成了一支集理论、科研、教学和社会服务于一体的学科队伍。

二、面试流程

北京邮电大学与其他院校不同，没有提前批面试环节，正常批面试流程如下图所示。

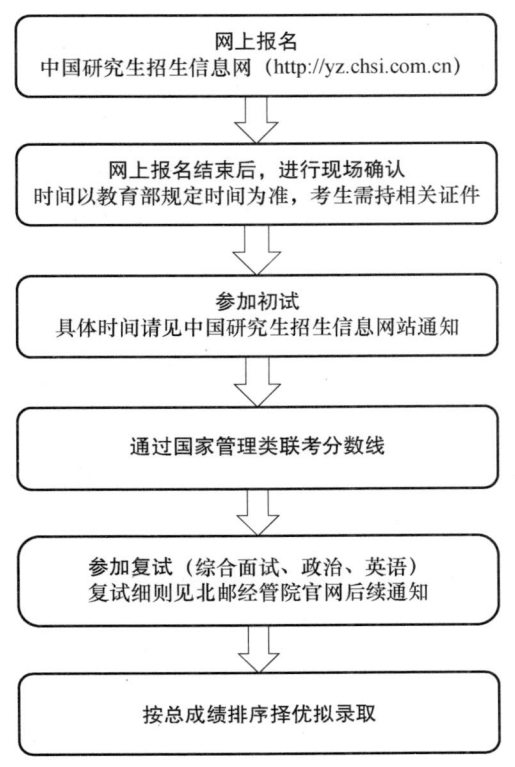

三、面试素材

（一）个人简历

◆ **基本信息**

* 姓名：　　　　　　　　　　　　* 姓名拼音：

* 移动电话：　　　　　　　　　　* 证件类别：

居民身份证：　　　　　　　　　　* 证件号码：

* 性别：☐ 男　☐ 女　　　　　　* 出生日期：

户籍所在地：　　　　　　　　　　户籍详细地址：

居住地址：　　　　　　　　　　　民族：

政治面貌：☐ 党员　☐ 预备党员　☐ 团员　☐ 群众　☐ 其他

婚姻状况：　　　　　　　　　　　档案所在单位：

档案所在单位地址：

身份证正反面：

个人所得税完税证明：

紧急联系人：　　　　　　　　　　　　紧急联系人电话：

家庭成员 1

姓名：　　　　　　　　　　　　　　　称谓：

联系电话：　　　　　　　　　　　　　工作单位：

职务：

家庭成员 2

姓名：　　　　　　　　　　　　　　　称谓：

联系电话：　　　　　　　　　　　　　工作单位：

职务：

家庭成员 3

姓名：　　　　　　　　　　　　　　　称谓：

联系电话：　　　　　　　　　　　　　工作单位：

职务：

① 注：上述需要上传照片的部分，上传文件限制大小为 3MB。

◆ 教育背景

* 毕业时间（精确到月份即可）：　　　* 毕业院校：

* 所学专业：　　　　　　　　　　　　* 学历：

* 学位：　　　　　　　　　　　　　　* 证书类别：

* 学历证书编号：　　　　　　　　　　学位证书编号：

* 学习形式：

* 学历证扫描件：

① 注：上传文件限制大小为 3MB，请上传毕业证书彩色图片，学历为专升本、自考独立本科段的，需同时填写专科学历信息。

*学位证扫描件：

注：上传文件限制大小为3MB，请上传学位证书彩色图片，双学位的请拼图后上传。

*成绩单扫描件：

注：上传文件限制大小为3MB，由毕业学校或档案所在工作单位人事部门或档案存放管理部门盖章的"在校历年学习成绩单"彩色扫描件。

*学历认证报告：

注：上传文件限制大小为3MB，"学历认证报告"处可上传《中国高等教育学历认证报告》或《教育部学历证书电子注册备案表》（须包含清晰的二维码）、外国学历。

◆ 培训教育

＊培训名称：　　　　　　　　　　　＊培训起始日期：
＊培训终止日期：　　　　　　　　　＊总学时：
＊培训内容：　　　　　　　　　　　＊培训形式：
培训证书上传：

| |
| |

◆ 职业经历

全日制工作年限：　　　　　　　　　管理岗工作年限：
＊实际工作单位：　　　　　　　　　＊开始日期：
＊终止日期：　　　　　　　　　　　＊上市情况：
＊单位性质：　　　　　　　　　　　＊所属行业：
＊公司总资产（万元）：　　　　　　＊公司年销售额（万元）：
＊单位地址：　　　　　　　　　　　＊单位员工人数：
＊下属员工人数：　　　　　　　　　＊所在部门：
＊担任职务：　　　　　　　　　　　＊职务级别：
＊工作职责：　　　　　　　　　　　＊年收入（万元）：
＊直接上级姓名：　　　　　　　　　＊直接上级职务：
＊证明人及联系方式：
组织结构图：

◆ 创业经历

*单位全称（不能空）：　　　　　　　　*单位地址：
*行业类别：　　　　　　　　　　　　　*开办时间：
*主营业务内容：　　　　　　　　　　　公司注册资金（万元）：
资金来源：　　　　　　　　　　　　　融资情况：
*本人出资：　　　　　　　　　　　　　*本人所占股份（百分比）：
*核心团队创业人数：　　　　　　　　　*公司员工总数：
*工作职位：　　　　　　　　　　　　　*下属员工人数：
*工作职责：　　　　　　　　　　　　　*最近一年营业额（万元）：
*公司简介或前景分析：
*营业执照：

*公司章程：

◆ 海外经历

*出国（境）目的（不能空）：　　　　　*出国（境）日期：
*回国日期：　　　　　　　　　　　　　*所在国家（地区）：
*所去单位：　　　　　　　　　　　　　*派出单位：
*说明：
*批文/证书：

◆ **英语等级**

英语等级：　　　　　　　　　　＊语种：
＊外语等级：　　　　　　　　　＊证书发放单位：
＊证书扫描图片：

◆ **职业资格**

＊资格名称：　　　　　　　　　＊资格类别：
＊资格级别：　　　　　　　　　＊取得途径：
＊资格审批单位：　　　　　　　＊取得资格日期：
＊专业技术任职资格证书：

◆ 获奖情况

＊奖项名称：　　　　　　　　　　　　　奖项排名：
＊奖项类别：　　　　　　　　　　　　＊奖项批准机关名称：
＊奖项设置：　　　　　　　　　　　　＊授予荣誉名称级别：
＊获奖证书上传：

（二）推荐信

每位申请人自愿提交 1 封推荐信（中文即可），并请提供推荐人的个人信息。

推 荐 信

致推荐人：

兹有申请人报考北京邮电大学工程管理硕士（MEM），衷心感谢您在百忙之中拨冗填写本推荐信。请您完整填写下列内容，如果您有其他补充，请附在表后。请您签名后交还申请人，由申请人随其他申请资料一并提交给北京邮电大学 MEM 教育中心。

申请人姓名：_____　　　　　　　职务：_____

您在何种场合认识申请人？认识申请人已有多长时间？
_____
_____

请您评价申请人的突出优点及特点。
_____
_____
_____

在您看来，该申请人的工程实践能力与团体协作能力如何？（包括他与上

级、同级、下级的协作工作能力）

_____

_____

请就以下各项对申请人进行评估：

评估方面	优秀	良好	平均	低于平均	无法判断
道德品质					
想象力与创造力					
工程实践能力					
管理沟通能力					
团队协作能力					
分析判断能力					
逻辑思辨能力					
领导能力					
英语程度					

您认为申请人在哪些方面需要进一步提高？

_____

_____

请给出您对申请人的总体评价：
○ 极力推荐   ○ 推荐
○ 有保留的推荐   ○ 不推荐

推荐人姓名		职务/职称	
单位			
地址			
邮政编码		电话	传真

推荐人签名：_____   日期：_____

第五节 北京大学工学院

一、院校简介

（一）概况

北京大学的工科教育历史悠久，1910 年 3 月即组织了工学院（当时称工科分科大学），下设土木、矿冶两个系（当时称门）。1916 年以后，北大工学院经过停办、再建、扩大，到 1952 年已培养了近 5000 名学生；其后工学院的师生中陆续有 23 人入选两院院士。1952 年全国院系调整，北大工学院的机械、电机、土木、建筑 4 个系合并到清华大学，化工系合并到天津大学，北京大学工学院的建制取消。

随着我国社会的发展，现代工业技术愈加处于关键地位。北京大学原有的学科设置偏向文、理、医等学科，在基础学科教学、科研实力占据国内首屈一指地位的同时，面向现代工业技术的工程学科未得到充分发展。在这样的背景下，与国家需求、经济建设相结合，创造自主知识产权，实现工业兴国战略，帮助北京大学基础学科研究成果进行产业转化，为祖国的建设服务，就成了摆在北京大学面前的一项重要使命。另外，北京大学要建设成为世界一流大学，在未来尖端新技术的前沿学科和交叉学科占有一席之地，学科完备十分重要。这些需求，就要求北京大学大力发展工程学科。

工学院从成立开始就从高起点出发，立足于尖端科技、交叉学科，着眼于未来工程科学和新技术的发展方向，面向国家迫切需要及关系国家中长远经济发展的科学与技术研发。因此，北大工学院的发展以培育核心创造能力为中心，有所为、有所不为、优中求精。同时，学院采用与国际接轨的院长负责制，实行"教授治学，民主治院"。学院重建以来，在学科发展、队伍建设、科学研究、人才培养、合作与发展等方面取得了突出成绩。

学院现设有 7 个系，以及国家重点实验室、北京市工程科学与新兴技术高精尖创新中心等多个重要研究机构，其中不少已经进入世界先进学科的行列。工学院有 4 个"双一流"学科，包括"力学、材料科学与工程"，"控制科学与工程"，"机械、航空航天"和"制造工程"。其中力学学科在第四

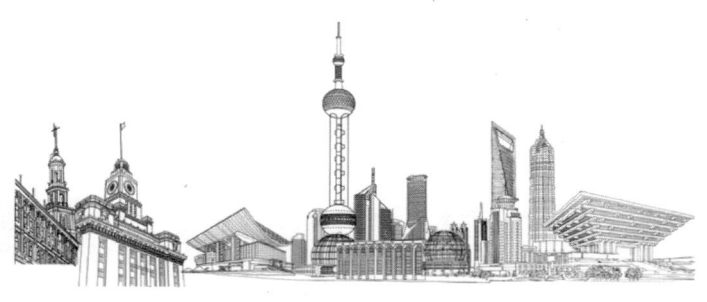

轮学科评估中被评为 A+ 学科。

学院教师实行国际通行的聘任制度（Tenure-Track），面向全世界公开招聘优秀人才。学院现有院士 10 人（含双聘）。目前正式教研系列教师 107 人，其中海外高层次计划人才（含青年项目）、国家杰出青年基金获得者、国家优秀青年基金等 60 余人，自 2013 年至今，北京大学工学院有 3 位教师成为中国科学院院士，一位教师成为美国工程院院士。工学院是北京大学高端人才比率最高的学院。

近 5 年来，工学院在多个领域承担国家重大科研项目，共负责和参与各类项目 900 余项，其中，国家级项目 300 余项，国家自然科学基金"创新群体"4 个，教育部"创新群体"2 个。2019 年在研科研项目 500 余项，包括国家重点研发计划项目 7 项，国家重大专项和重点研发计划课题 31 项，国家自然科学基金创新研究群体、重大项目与课题、杰出青年基金、重大科研仪器及各类重点项目 49 项。自 2005 年建院以来以第一单位获得国家级科研奖励 5 项、教育部科研奖励 8 项。近 5 年到校科研经费超过 14 亿元，以第一作者或通信作者发表 SCI 论文 2700 余篇，人均科研经费和 SCI 论文数均居全校前列。

（二）培养方向

企业信息工程管理

科技创新工程管理

金融信息工程管理

（三）培养机制

学习形式	非全日制
学习时间	2 年
上课时间	周六、日（法定节假日休息）
学费	非全日制 9.6 万元（分两次交清，4.8 万元/年）
备注	（1）在校期间，交通费、住宿费、膳食费、医疗费等均自理； （2）非全日制硕士研究生不安排住宿

（四）报考条件

1. 大学本科毕业后，有 3 年以上工作经验的人员。

2. 获得国家承认的高职高专毕业学历或大学本科结业后，符合北京大学工学院相关学业要求，达到大学本科毕业同等学力并有 5 年以上工作经验的人员。

3. 获硕士学位或博士学位并有 2 年以上工作经验的人员。

⚠ 注：申请人在申请提前批面试和全国联考报名前应仔细核对本人是否符合报考条件。报考资格审查将在面试阶段进行，凡不符合报考条件的申请人将不予录取，相关后果由申请人本人承担。

二、面试流程

（一）正常批面试流程

下图为 2020 年北京大学工学院正常批面试的流程。2021 年具体流程，考生可参考官方网站。

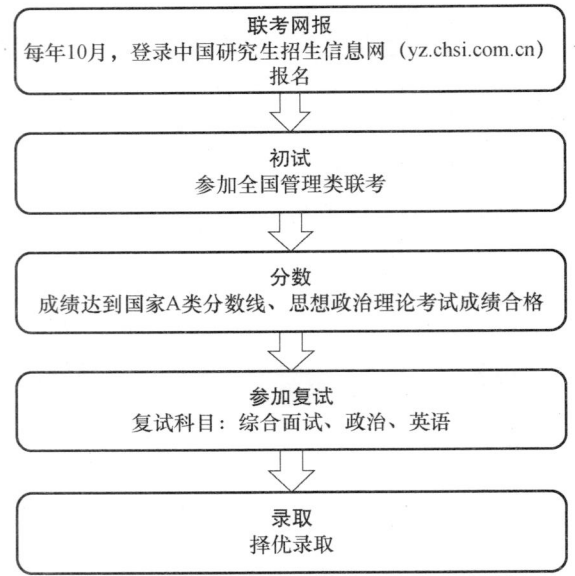

（二）提前批面试流程

北京大学工学院与上述院校有不同之处，2020 级 MEM 继续全面实行"提前复试，联考过国家 A 线择优录取"的招生方式。2021 年招生方式具体参考官网，报考流程如下图所示。

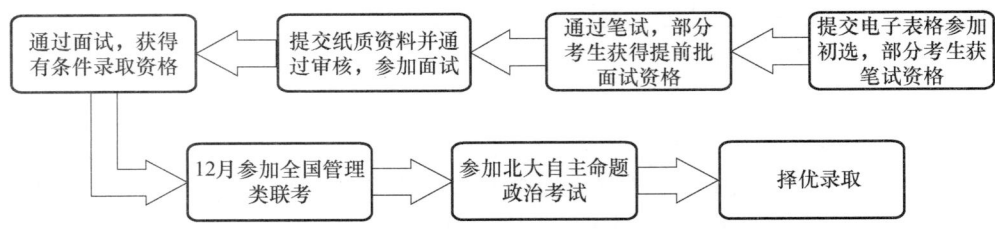

三、面试素材

（一）入学申请表

2020 年入学申请表见下表。2021 年入学申请表见官网。

北京大学工学院工程管理硕士（MEM）入学申请表

基本信息（必填）					
姓名		性别		出生日期	
证件类型		证件号码			
籍贯		户口所在地		现居住城市	
移动电话		常用邮箱		其他联系方式	
工作信息（必填）					
现单位名称			入职时间		
所属领域			单位性质		
所属部门			部门人数		
职位名称			职位类别		
直接下属人数			职位年薪		
直属领导			直属领导办公电话		
单位通信地址					
主要职责简述	1.				
	2.				
工作创新点简述	1.				
	2.				
工作获奖情况	1.				
	2.				
	3.				
过往工作经历	起止时间	单位		部门	任职

教育背景				
最高学历		学位类别		
毕业院校		专业领域		
在学时间	年　月— 年　月			
在校期间主要获奖情况	1.			
	2.			
学生工作经历	1.			
	2.			
其他学位	（注明学校和专业）			
选填项目				
外语等级考试				
职业资格证书				
专利/发明/发表				
科研经历				
海外经历				
创业经历				
社会服务经历				
自定义事项1				
自定义事项2				

个人陈述

内容包括但不限于您的职业愿景、对您成长起决定意义的一件事、个人的独特经历等。篇幅请限定在1000字，排版请勿超过一页A4纸。

承诺
本人承诺以上内容及材料的真实性，如有虚假，由此引发的一切后果由本人承担。 　　　　　　　　　　　　　　　　　　签名：　　　　　日期：

（二）相关资料

1. 身份证复印件。

2. 学历、学位证书复印件。

3. 大学或研究生期间成绩单原件（须加盖档案所在地人事档案章或毕业院校教务章，其他章无效）。

4. 学历认证报告和学籍认证报告原件（学历认证报告如何查询与下载，可参考清华大学"其他申请材料"中的内容）。

5. 推荐信（至少 1 份推荐信为单位直接主管领导推荐）。

6. 当前/最后一份工作单位组织结构图并标注申请者所处位置。

7. 工作名片。

8. 免冠彩色一寸照片 1 张（照片背景颜色不限）。

9. 提交其他能帮助我们进行有效判断的材料，如 GMAT 成绩单或者其他语言成绩证明（TOFEL 或 IELTS）、其他各类证明和证书的复印件（专利、出版物、荣誉证书、职业资格证书等）。

（三）推荐信

每位申请人自愿提交 1 封推荐信（中文即可），并请提供推荐人的个人信息。

推 荐 信

致推荐人：

　　兹有申请人报考北京大学工学院工程管理硕士（MEM），衷心感谢您在百忙之中拨冗填写本推荐信。请您完整填写下列内容，如果您有其他补充，请附在表后。请您签名后交还申请人，由申请人随其他申请资料一并提交给北京大学工学院 MEM 教育中心。

申请人姓名：_____　　　　　　职务：_____

您在何种场合认识申请人？认识申请人已有多长时间？

_____

_____

请您评价申请人的突出优点及特点。
_____
_____
_____

在您看来，该申请人的工程实践能力与团体协作能力如何？（包括他与上级、同级、下级的协作工作能力）
_____
_____
_____

请就以下各项对申请人进行评估：

评估方面	优秀	良好	平均	低于平均	无法判断
道德品质					
想象力与创造力					
工程实践能力					
管理沟通能力					
团队协作能力					
分析判断能力					
逻辑思辨能力					
领导能力					
英语程度					

您认为申请人在哪些方面需要进一步提高？
_____
_____

请给出您对申请人的总体评价：
○ 极力推荐　　　　○ 推荐
○ 有保留的推荐　　○ 不推荐

推荐人姓名		职务/职称	
单位			
地址			
邮政编码		电话		传真	

推荐人签名：＿＿＿＿＿＿＿＿＿＿　　日期：＿＿＿＿＿＿＿＿

第六节　华东理工大学

一、院校简介

（一）概况

华东理工大学是教育部直属重点高校，国家"211工程""985创新平台"重点建设学校、"卓越工程师教育培养计划""111计划"入选高校之一、首批6所设有国家技术转移中心的创新性综合类研究型大学之一、国家"双一流"建设高校之一。华东理工大学工程管理硕士（MEM）依托学校理工类优势学科，结合中国产业发展特点，面向企业发展的人才需求，形成了华东理工工程管理专业的办学特色：集管理学、经济学与项目管理、工业工程等知识于一体，具有学科交叉性和实际应用性的特征。强调工程的系统性观念，重视工程项目系统的统筹规划、整体优化和可持续发展。

华东理工大学工程管理硕士（MEM）注重面向学生提供对专业知识的理解，如系统工程、全面质量管理、生产管理、产品设计和过程设计管理等；注重向学生提供在实际工业工程项目中技术和管理进行集成的经验。该领域的研究以系统思想为指导，综合应用管理理论和方法、工程技术与数理统计方法，结合我国实情和工程建设的实际，重点研究工业工程项目的主要管理模式及其发展演化、模式要素及其关系、新模式的创新及其应用，目的是培养兼具管理知识和工程实践相结合的管理人才。

（二）项目优势

- **植根产业基础，整合大学资源**

  华东理工大学科研实力雄厚，在能源、化工、生物医药、新材料等领域占据国内领先地位，产业根基深厚。华理 MEM 整合工科优势资源，发挥产业优势力量，做到商业与科技结合的培养模式，满足产业人才需求。

- **严控教学质量，强化培养目标**

  华东理工大学商学院有高标准教学控制体系，学院通过 AMBA 国际认证、中国高质量 MBA 教育认证，并成为 AACSB 认证会员。项目在此基础上发挥"学在华理"的学风优势，培养具有高度社会责任感、兼具管理知识和工程实践的管理人才。

- **携手顶尖名校，领略全球智慧**

  携手德国柏林工业大学，打造双学位 MEM 项目，让学生学习德国制造精髓，扩展国际视野。引进世界顶尖理工大学优质课程和师资，培养学生成为既精通现代工程或制造技术又深谙管理技能的复合型国际化高端人才。

- **专业课程设置，创新培养体系**

  华东理工大学 MEM 注重学生能力发展，率先实施"行动学习"项目，开创了专业学位教学的新范式，以智能制造与智慧运营、大数据商务分析、项目管理为方向，以培养学生实际能力为目的，设置专业课程，提高学生对管理的系统性认识。

- **精选课程师资，注重实践应用**

  华东理工大学 MEM 聘请中国工程院、企业和学术机构中的一批著名的工程管理专家学者担任导师或讲座教授，以专业课程、特色讲座、企业实践等模块来实现技术与管理的结合、理论与实践的结合。

- **关注专业发展，提升职场能力**

  华东理工大学商学院构建职业发展平台旨在帮助学员准确认识个人优势、确定职业生涯目标，采用一对一导师计划，帮助学生把握适合自己的职业方向。同时华理 MEM 项目与 IPMP 和 PMP 职业证书双挂钩，帮助学生提高职业竞争力。

（三）培养机制

类型	学习时间	上课时间	学费	
中文班	2.5 年	周六、日	18.8 万元	按学年分 3 次付，分别是 40%、40%、20%
华东理工大学－德国柏林工大双学位班	2.5 年	（1）中方课程：周末授课。（2）德方课程：中国部分（周末加部分工作日，晚上集中授课）/德国部分（在读期间赴德 2 次集中授课，每次 2 周）	28.8 万元	

（四）招生条件

1. 华东理工大学 MEM

（1）中华人民共和国公民。

（2）拥护中国共产党的领导，品德良好，遵纪守法。

（3）身体健康状况符合国家和该校相关专业规定的体检要求。

（4）大学本科毕业后有 3 年以上工作经验的人员；获得国家承认的高职高专毕业学历或大学本科结业后，有 5 年以上工作经验，达到与大学本科毕业生同等学力的人员；已获硕士学位或博士学位并有 2 年以上工作经验的人员。

2. 中德双学位 MEM

（1）符合华东理工大学 MEM 入学资格，达到当年华东理工大学 MEM 录取条件。

（2）托福 70 分及以上（拥有英语语言国家的大学理学学士或者理学硕士学位证书的申请者可以免托福成绩入学）。

（3）拥有工学领域、工商管理或经济学学士学位及以上。

注：报名如超过 40 人，按照托福成绩排名录取。如考生托福成绩相同，将根据管理类联考分数择高录取。

（五）项目类别

125601 工程管理	125602 项目管理
01 大数据商务分析班	01 项目管理班
02 智能制造与智慧运营班	
03 华东理工大学－德国柏林工大双学位班	

（六）报名时间和流程

报考全国硕士研究生一律采取网上报名。

1. 网上报名时间：2020 年 10 月 10 日至 10 月 31 日，每天 9：00－22：00。

2. 报名流程：考生应在规定时间登录"中国研究生招生信息网"（公网网址：http：//yz.chsi.com.cn。教育网址：http：//yz.chsi.cn，以下简称"研招网"）浏览报考须知，并按教育部、省级教育招生考试机构、报考点及该校的网上公告要求报名。

注：（1）考生要准确填写个人信息，特别对本人曾经所受奖惩情况要如实填写；对弄虚作假者，将按照《国家教育考试违规处理办法》《普通高等学校招生违规行为处理暂行办法》严肃处理。

（2）报名期间将对考生学历（学籍）信息进行网上校验，考生可上网查看学历（学籍）校验结果。考生也可在报名前或报名期间自行登录"中国高等教育学生信息网"（网址：http：//www.chsi.com.cn）查询本人学历（学籍）信息；未通过学历（学籍）校验的考生应在网上确认（现场确认）前完成学历（学籍）核验。

（3）根据教育部文件的规定，考生报名时只填报一个招生单位的一个专业。

（4）考生应当认真了解并严格按照报考条件及相关政策要求选择填报志愿；因不符合报考条件及相关政策要求，造成后续不能网上确认（现场确认）、考试、复试或录取的，后果由考生本人承担。

（5）考生应当按要求准确填写个人网上报名信息并提供真实材料；考生因网报信息填写错误、填报虚假信息而造成不能考试、复试或录取的，后果由考生本人承担。

二、面试流程

（一）正常批面试流程

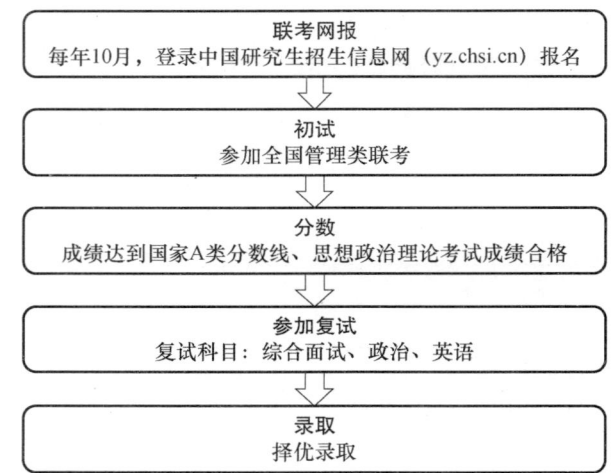

（二）提前批面试流程

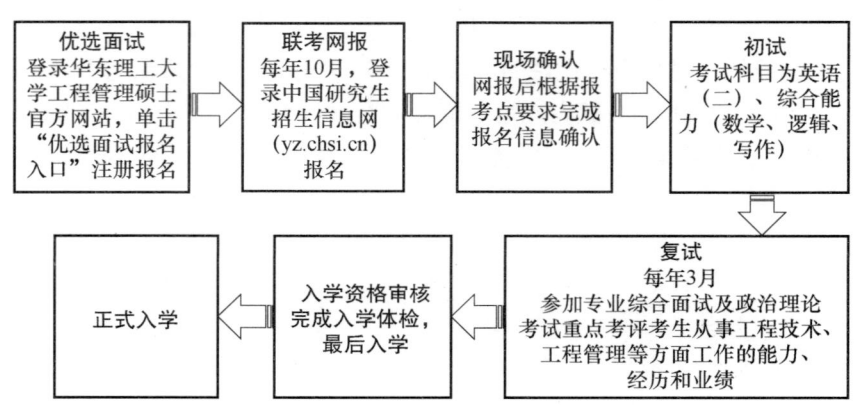

⚠ 注：以上流程的具体时间和安排以教育部和华东理工大学研究生院公布通知为准。

三、面试素材

（一）个人简历

◆ 个人信息

* 面试申请号：　　　　　　　　　　* 报考方向：
* 面试批次：　　　　　　　　　　　* 姓：
* 名：　　　　　　　　　　　　　　* 姓名拼音：
* 出生日期：　　　　　　　　　　　* 性别：
* 身份证号：　　　　　　　　　　　* 电子邮件：
* 婚姻状况：　　　　　　　　　　　* 城市：
* 通信地址：　　　　　　　　　　　邮编：
* 手机：　　　　　　　　　　　　　固话：
传真：　　　　　　　　　　　　　　* 紧急联系人姓名：
* 紧急联系人关系：　　　　　　　　紧急联系人固话：
* 紧急联系人手机：

◆ 国民教育最高学历/学位

* 院校名称：　　　　　　　　　　　* 学历：
* 学位：　　　　　　　　　　　　　* 是否全日制：
* 学习形式：　　　　　　　　　　　* 专业：
* 学习起始日期：　　　　　　　　　* 学习完成日期：
* 学位/学历获得日期：

◆ 其他学位或学历

院校名称：　　　　　　　　　　　　学校所在地：
开始时间：　　　　　　　　　　　　结束时间：
所获学位：　　　　　　　　　　　　获得日期：
是否全日制：　　　　　　　　　　　专业：

◆ 所受其他培训

课程名称1：　　　　　　　　　　　培训机构：
培训开始日期：　　　　　　　　　　培训完成日期：
成绩：
课程名称2：　　　　　　　　　　　培训机构：

培训开始日期：   培训完成日期：
成绩：

◆ **专业资格**

证书名称：   颁发机构：
授予日期：   资格证书级别：

◆ **目前工作信息**

＊全职工作经验：   ＊管理工作经验：
＊目前工作单位：   ＊目前单位地址：
＊是否是企业法人或合作人：   ＊是否是 500 强企业：
＊目前工作行业：   ＊公司性质：
＊岗位类型：   ＊职务：
＊担任此职务年限：   ＊单位或集团员工数：
＊直接下属员工数：   ＊是否是上市公司：
＊资产总额（万元）：   ＊年销售额（万元）：
＊近 3 年平均年薪（税前，单位：万元）： ＊最后年薪（万元）：

◆ **以往工作经历**

单位名称：   开始时间：
结束时间：   公司性质：
岗位类型：   行业：
资产总额（万元）：   年销售额（万元）：
职务：   最后年薪（税前）：

（二）推荐信

每位申请人自愿提交 1 封推荐信（中文即可），并请提供推荐人的个人信息。

推 荐 信

致推荐人：

  兹有申请人报考华东理工大学工程管理硕士（MEM），衷心感谢您在百忙之中拨冗填写本推荐信。请您完整填写下列内容，如果您有其他补充，请附在表后。请您签名后交还申请人，由申请人随其他申请资料一并提交给华东理工大学 MEM 教育中心。

  申请人姓名：_____   职务：_____

您在何种场合认识申请人？认识申请人已有多长时间？
_____
_____

请您评价申请人的突出优点及特点。
_____
_____
_____

在您看来，该申请人的工程实践能力与团体协作能力如何？（包括他与上级、同级、下级的协作工作能力）
_____
_____
_____

请就以下各项对申请人进行评估：

评估方面	优秀	良好	平均	低于平均	无法判断
道德品质					
想象力与创造力					
工程实践能力					
管理沟通能力					
团队协作能力					
分析判断能力					
逻辑思辨能力					
领导能力					
英语程度					

您认为申请人在哪些方面需要进一步提高？
_____
_____

请给出您对申请人的总体评价：
○ 极力推荐　　　　　○ 推荐
○ 有保留的推荐　　　○ 不推荐

推荐人姓名		职务/职称	
单位			
地址			
邮政编码		电话		传真	

推荐人签名：_____　　　　　　日期：_____

第七节　上海交通大学机械与动力工程学院

一、院校简介

（一）概况

机械与动力工程学院始建于 1913 年，是上海交通大学历史最悠久的院系，在机械与动力工程学院的发展史上，创造了许多中国第一：中国最早的内燃机、第一台自动扶梯等，更引以为豪的是中华人民共和国的第一艘万吨轮、第一艘核潜艇、第一颗原子弹、第一枚运载火箭、第一颗人造卫星、第一架超音速民航客机等。许多都是在学院校友的主持和直接参与下完成的。在 1999 年国务院表彰的两弹一星功臣中，钱学森、王希季等均毕业于机械与动力工程学院。

学院非全日制研究生培养从 1998 年开始，立足为国家汽车制造、装备制造、船舶、航空航天、核电等行业企业及科研院所培养应用型、复合型工程技术及工程管理人才。目前已共计招收学生 7300 余名。为适应我国经济社会发展对高层次工程管理人才的迫切需求，完善专门人才培养体系，创新工程管理人才培养模式，提高工程管理人才培养质量，学院于 2010 年设置工程管理硕士专业学位，2011 年招收首届工程管理硕士研究生，至今已连续招生 10 届，合计 800 余人。

（二）培养目标

面向制造、能源、动力等工程领域，培养具有良好的政治思想素质和职业道德修养，掌握系统的现代工程管理理论与方法，具备扎实的工程技术知识基础，能独立担负重大、复杂工程管理工作，具有卓越领导力和国际视野的复合型高端工程管理人才，以适应我国新时代经济发展的需求，推动经济由高速增长转向高质量发展，助力实现建设创新型国家和制造强国的战略。

（三）研究方向

1. 制造工程管理；工业工程管理。
2. 工程项目管理；物流工程管理。
3. 能源与动力工程管理；服务与信息工程管理。
4. 低碳可持续工程管理（与中英国际低碳学院合作）。

（四）培养特色

培养项目	学习内容
工程	学习智能制造、大数据、智能网联汽车、物流与供应链、新产品研发、新能源汽车、先进电站装备制造、机器人、数控机床、智能系统、绿色建筑、绿色建造、航空航天、船舶动力等
管理	通过系统的工程管理理论与方法、经济与财务、法律与工程伦理等知识和技能学习，培养系统思维能力、工程运营能力、战略决策能力、领导与沟通能力，以及管理创新能力
国际化	与美国高校互访交流和双向游学，专业资质的国际认证（PMI-GAC认证、IPMP资质认证）；英语授课（部分课程）
实践职业资格	工程管理最佳实践系列讲座与论坛，企业参观与调研，源自企业实际的学位论文研究。IPMP职业资质认证，工业工程师资格认证，ILT物流运营经理资质认证

（五）报考条件

考生须符合下列条件：

1. 中华人民共和国公民。
2. 拥护中国共产党的领导，品德良好，遵纪守法。
3. 身体健康状况符合国家和招生单位规定的体检要求。
4. 大学本科毕业后有 3 年以上工作经验的人员；获得国家承认的高职高专毕业学历或大学本科结业后，符合招生单位相关学业要求，达到大学本科毕业同等学力并有 5 年以上工作经验的人员；获得硕士学位或博士学位后有 2 年以上工作经验的人员。

① 注：考生一般需要有理工科背景；毕业后没有就业或就业时间不符合要求者不允许报考。

（六）报考方式

报名包括网上报名和现场确认两个阶段。具体以当年校研究生院报考通知为准，可查询校研究生院招生网站。

1. 网上报名：网上报名时间为 2020 年 10 月中下旬。
2. 现场确认：所有考生均应在规定时间内按要求确认网报信息。

（七）考试科目

专业代码	专业名称	考试科目
125601	工程管理硕士	（1）199 管理类联考综合能力； （2）204 英语（二）

（八）培养机制

学习形式	非全日制
学习时间	3 年
上课时间	周六、日
学费	18.8 万元。学费分学年交纳（第一年、第二年分别为总学费的 40%，第三年为 20%）

二、面试流程

（一）正常批面试流程

网上报名
考生应在规定时间登录"中国研究生招生信息网"，浏览报考须知，并按教育部、省级教育招生考试机构、报考点及报考招生单位的网上公告要求报名

⇒

现场确认
所有考生（不含推免生）均应当在规定时间内到报考点指定地点现场核对并确认其网上报名信息，逾期不再补办

⇓

考试
1.初试：参加全国联考并通过交大分数线。
2.复试：采取差额复试，以面试为主，辅以必要的笔试

⇐

录取
根据国家下达的招生计划、考生入学考试总成绩（含初试和复试）及其在校学习成绩和思想品德表现、业务素质，以及身体健康状况等，确定拟录取考生的名单

（二）提前批面试流程

请在 http://mem.jdgs.sjtu.edu.cn 上报名。

具体操作如下：

1. 登录网址 http://mem.jdgs.sjtu.edu.cn，招生咨询在新闻动态左边，如下图所示。

2. 单击打开后，弹出新的页面，考生入口在页面左侧，如下图所示。

3. 单击"MEM 考生入口"后，已经注册过的考生，可直接在登录中输入自己的身份号和密码，未注册过的考生在注册中输入自己的身份证号和密码，如下图所示。

2021年工程管理专业硕士研究生优秀生源选拔计划

登录

身份证号：
密码：
登录

快速注册

身份证号：
密码：
确认密码：
注册

登录之后，便可根据院校的要求填写相关信息，考生需如实填写。

注：考生报名时只填报一个招生单位的一个专业。待考试结束，教育部公布考生进入复试的初试成绩基本要求后，考生可通过"研招网"调剂服务系统了解招生单位的调剂办法、计划余额等信息，并按相关规定自主多次平行填报多个调剂志愿。

以同等学力身份报考的人员，应按招生单位要求如实填写学习情况和提供真实材料。

考生要准确填写本人所受奖惩情况，特别是要如实填写在参加普通和成人高等学校招生考试、全国硕士研究生招生考试、高等教育自学考试等国家教育考试过程中因违纪、作弊所受处罚情况。对弄虚作假者，将按照《国家教育考试违规处理办法》《普通高等学校招生违规行为处理暂行办法》严肃处理。

根据面试考查情况，确定优秀、良好、一般 3 个等级。所有考生均须参加全国管理类联考笔试，已参加优选面试并且初试成绩达到该校复试分数线的考生，可以不参加复试的面试，但是仍须参加复试的其他测试，根据初试与复试成绩差额择优录取。

教师有话说

• 优才选拔成绩为优秀且复试、政治考试合格者，可直接进入拟录取阶段；

• 优才选拔成绩为良好且复试、政治考试合格者，同等条件下优先录取；

• 优才选拔成绩为一般且复试、政治考试合格者，根据初试和复试总成绩排序择优录取。

注：优选面试成绩为"良好""一般"的考生，可以申请参加复试面试，选择较高的一次面试得分记入复试成绩。

三、面试素材

（一）个人简历

◆ 个人信息

*面试申请号：	*报考方向：
*面试批次：	*姓：
*名：	*姓名拼音：
*出生日期：	*性别：
*身份证号：	*电子邮件：
*婚姻状况：	*城市：
*通信地址：	邮编：
*手机：	固话：
传真：	*紧急联系人姓名：
*紧急联系人关系：	紧急联系人固话：
*紧急联系人手机：	

◆ 国民教育最高学历/学位

*院校名称：	*学历：
*学位：	*是否全日制：
*学习形式：	*专业：
*学习起始日期：	*学习完成日期：
*学位/学历获得日期：	

◆ 其他学位或学历

院校名称：	学校所在地：
开始时间：	结束时间：
所获学位：	获得日期：
是否全日制：	专业：

◆ 所受其他培训

课程名称1：	培训机构：
培训开始日期：	培训完成日期：
成绩：	
课程名称2：	培训机构：

培训开始日期：　　　　　　　　　　培训完成日期：
成绩：

◆ 专业资格

证书名称：　　　　　　　　　　　　颁发机构：
授予日期：　　　　　　　　　　　　资格证书级别：

◆ 目前工作信息

* 全职工作经验：　　　　　　　　　* 管理工作经验：
* 目前工作单位：　　　　　　　　　* 目前单位地址：
* 是否是企业法人或合作人：　　　　* 是否是 500 强企业：
* 目前工作行业：　　　　　　　　　* 公司性质：
* 岗位类型：　　　　　　　　　　　* 职务：
* 担任此职务年限：　　　　　　　　* 单位或集团员工数：
* 直接下属员工数：　　　　　　　　* 是否是上市公司：
* 资产总额（万元）：　　　　　　　* 年销售额（万元）：
* 近 3 年平均年薪（税前，单位：万元）：　　* 最后年薪（万元）：

◆ 以往工作经历

单位名称：　　　　　　　　　　　　开始时间：
结束时间：　　　　　　　　　　　　公司性质：
岗位类型：　　　　　　　　　　　　行业：
资产总额（万元）：　　　　　　　　年销售额（万元）：
职务：　　　　　　　　　　　　　　最后年薪（税前）：

（二）推荐信

每位申请人自愿提交 1 封推荐信（中文即可），并请提供推荐人的个人信息。

推　荐　信

致推荐人：

兹有申请人报考上海交通大学机械与动力工程学院工程管理硕士（MEM），衷心感谢您在百忙之中拨冗填写本推荐信。请您完整填写下列内容，如果您有其他补充，请附在表后。请您签名后交还申请人，由申请人随其他申请资料一并提交给上海交通大学机械与动力工程学院 MEM 教育中心。

申请人姓名：_____　　　　　职务：_____

您在何种场合认识申请人？认识申请人已有多长时间？
_____
_____

请您评价申请人的突出优点及特点。
_____
_____
_____
_____

在您看来，该申请人的工程实践能力与团体协作能力如何？（包括他与上级、同级、下级的协作工作能力）
_____
_____
_____

请就以下各项对申请人进行评估：

评估方面	优秀	良好	平均	低于平均	无法判断
道德品质					
想象力与创造力					
工程实践能力					
管理沟通能力					
团队协作能力					
分析判断能力					
逻辑思辨能力					
领导能力					
英语程度					

您认为申请人在哪些方面需要进一步提高？
_____
_____

请给出您对申请人的总体评价：
○ 极力推荐　　　　　○ 推荐
○ 有保留的推荐　　　○ 不推荐

推荐人姓名		职务/职称	
单位			
地址			
邮政编码		电话		传真	

推荐人签名：_____　　　　日期：_____

第八节　上海交通大学电子信息与电气工程学院

一、院校简介

（一）概况

工程管理硕士研究生的培养注重向学生提供对核心管理领域知识的理解，如市场、会计、组织行为、商业道德、法律及金融等；注重向学生提供对内在的和共同的管理知识的理解，如系统工程、全面质量管理、生产管理、产品设计和过程设计管理等；注重向学生提供不同管理层面管理工程功能所需的知识和技巧；注重向学生提供在实际工程项目或问题中将技术和管理进行集成的经验。

上海交通大学电子信息与电气工程学院结合自身学科优势，整合来自相关专业院系的几十位优秀教师及众多相关行业资深教师的师资力量，集中上海交通大学的优质教育资源、校友资源、国际合作资源及各类服务平台，以国家战略需求为核心，紧密结合信息化产业特点，构建应用型工程管理课程，重点培养学生在实际工程管理过程中技术与管理相结合的应用能力、创新能力和领导力，为国家重点行业和新兴产业培养优质的骨干人才。

（二）培养目标

培养具备良好的政治思想素质和职业道德素养，掌握系统的管理理论、现代管理方法，以及电子信息工程领域的专门知识，能独立担负工程管理工作，具有计划、组织、协调和决策能力的高层次、应用型工程管理专门人才，以适应我国产业结构的调整与转型，实施新型工业化道路，实现我国建立创新型国家的战略宏图。

（三）专业特色

1. 结合学院 7 个一级学科的深厚专业背景，提供高质量工程管理人才培养。
2. 双导师制度，采取双导师指导。学位论文（设计）由校内具有工程管理实践经验的导师与企业选派的资深导师联合指导。
3. 定期邀请业界前沿专家，组织高端学术沙龙和讲座。
4. 与全球数十所国际知名大学签订了长期的国际交流项目。

（四）课程介绍

1. 工程管理导论

有 3 个模块：工程管理进度管理相关办法，包括项目关键路径法、关键链、PERT、DSM、工程的全生命周期概念等；工程项目的成本及风险管理方法；工程项目的软因素，包括项目人员、组织架构及工程伦理。

本课程的教学将使学生熟悉工程管理的总体框架；对工程和管理有基本的认知；掌握工程管理理论和方法体系；建立工程管理系统性思维、分析问题及解决问题的设计和能力；树立正确的工程价值观和历史责任感。

2. 人力资源与沟通管理

本学科重点探讨人力规划、职务分析及胜任力模型、招聘、培训、职业生涯管理、绩效评估、薪酬管理、组织及团队沟通与冲突管理等具体内容。学员在系统了解和学习人力资源与沟通管理基础理论的基础上，逐步掌握和应用人力资源管理及沟通技能，最终形成适合自身特点的人力资源与沟通管理理念与方法。

3. 库存与供应链管理

库存与供应链管理是管理科学中物流类专业的核心内容，主要任务是介绍现代供应链管理的基本概念、基础理论、方法体系和经典模型。在介绍基本概念和经典案例的同时，强调对模型的定量分析和决策方法的应用。

4. 人工智能

本课程的教学将使学生了解人工智能和专家系统的基本概念，掌握人工智能的基本原理和方法，启发对人工智能的兴趣，培养知识创新和技术创新能力，主要任务是培养应用人工智能技术提高分析和解决较复杂问题的能力。

5. 移动互联网前沿技术

移动互联网是将移动通信和互联网两者结合起来成为一体，是互联网的技术、平台、商业模式和应用与移动通信技术结合并实践的活动的总称。其主要教学内容包括 5G 移动通信、物联网、移动互联网安全、移动互联网应用、移动互联网经济、移动互联网智能化、移动互联网游戏和设计、移动互联网的未来及影响。

6. 新能源技术及应用

通过本课程的学习，学生将了解常规能源短缺及其使用带来的环境问题，掌握发展新能源、可再生能源，以及优化常规能源的新型应用技术和技术路径；通过学习各种新能源产生、传输及其应用的问题，学生将掌握新能源利用的方法、技术和设备，以及相关政策法规、未来能源政策的研究方向；学生将从多种途径了解如何应对全球变暖、温室气体、能源转型、可持续发展等各种能源问题挑战，并就应对措施进行深入的探讨研究。

（五）培养机制

学习形式	非全日制
上课时间	周六、日
学费	18.8 万元，学费分学年交纳（按照 2∶2∶1 的比例）

（六）招生条件

1. 中华人民共和国公民。
2. 拥护中国共产党的领导，品德良好，遵纪守法。
3. 身体健康状况符合国家和招生单位的体检要求。
4. 大学本科毕业后有 3 年以上工作经验的人员；获得国家承认的高职高专毕业学历或大学本科结业后，符合招生单位相关学业要求，达到大学本科毕业同等学力并有 5 年以上工作经验的人员；获得硕士学位或博士学位后有 2 年以上工作经验的人员。
5. 一般需要理工科背景。

二、面试流程

（一）正常批面试流程

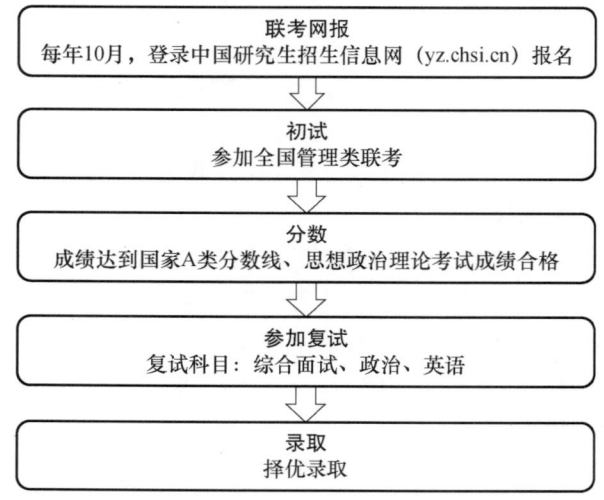

（二）提前批面试流程

下图是 2020 年上海交通大学电子信息与电气工程学院提前面试的报考流程（2021 年面试流程具体参考院校官网）。

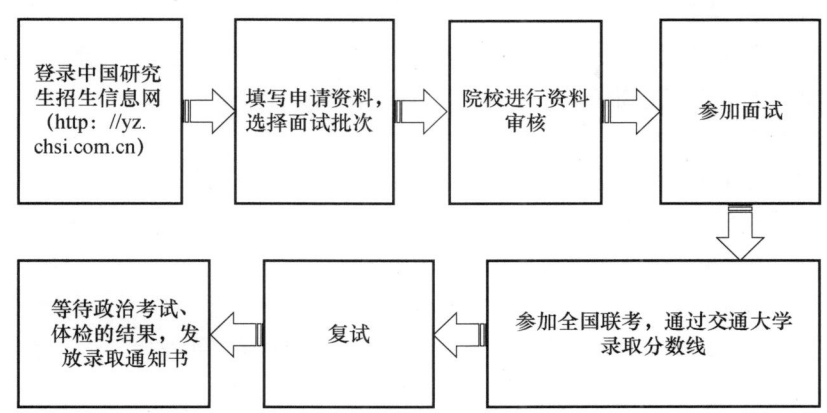

根据面试考查情况，面试结果分为"A 档""B 档""无优惠"3 种：

A 档：全国管理类联考成绩达到交大线，政治考试、体检合格，可获得拟录取资格。

B 档：全国管理类联考成绩达到交大线，政治考试、体检合格，以初试分数＋优选面试分数（或复试分数）的总成绩进行排名，同等条件下优先获得拟录取资格（优选面试分数或者复试分数低于 120 分不得录取）。

无优惠：全国管理类联考成绩达到交大线，政治考试、体检合格，按初试分数＋优选面试分数（或复试分数）的总成绩进行排名，从高到低择优录取（优选面试分数或者复试分数低于 120 分不得录取）。

优选面试		联考	复试（面试）	政治考试	体检
不参加		√	√	√	√
参加	A 档	√	×	√	√
	B 档	√	选择一：× 选择二：参加复试，则优选面试无效，以初试分数＋复试分数为总成绩进行排名，同条件下优先获得拟录取资格	√	√
	无优惠	√	选择一：× 选择二：参加复试，则优选面试无效，以初试分数＋复试分数为总成绩进行排名，从高到低择优录取	√	√

(三) 资格审查需携带的资料

1. 本人第二代居民身份证件（需携带原件并提交复印件）。
2. 学历（学籍）认证报告。
3. 学历、学位证书（需携带原件并提交复印件）。
4. 如考生持在境外获得学历、学位证书报考，资格审查时须提交教育部留学服务中心出具的认证报告。

⚠ 录取的注意事项：

◆ 根据国家下达的招生计划、考生入学考试总成绩（含初试和复试）及其在校学习成绩和思想品德表现、业务素质及身体健康状况等，确定拟录取考生的名单。复试、体检或思想品德考核不合格者不予录取。

◆ 录取为非全日制硕士研究生，按该校财务公示收费标准缴纳学费，不享受校奖助学金，学院可根据招生情况自主发放奖学金，学校不提供住宿。非全日制硕士研究生一般录取为定向就业，不转户口档案。

◆ 录取为定向就业的硕士研究生在被录取前签订定向就业合同，按定向合同就业。

三、面试素材

（一）优才选拔面试申请表

2021级工程管理硕士（MEM）优才选拔面试申请表

个人信息

基本信息				
姓名		户口所在地		（登记照）
性别		现居地		
国籍		出生日期		
证件类型		证件号码		
通信地址				
E-mail				
第一联系电话		第二联系电话		

教育信息

教育背景			
最高学历		最高学位	
毕业院校		所在国家	
专业		专业类别	
学历证书编号		学位证书编号	

教育经历（从高中开始）				
开始时间	结束时间	院校名称	学历	专业

英语水平			
	☐ CET-4	☐ CET-6	
	☐ TEM-4	☐ TEM-8	
TOEFL（请注明成绩）		LELTS（请注明成绩）	
GRE（请注明成绩）		其他（请注明成绩）	

工作信息

工作经历			
开始时间	结束时间	工作单位	担任职务

其他信息

获奖信息	
时间	奖励名称

发表论文或者专利	
时间	论文或专利名称

专业资质	
时间	专业资质名称

（二）推荐信

每位申请人自愿提交 1 封推荐信（中文即可），并请提供推荐人的个人信息。

推 荐 信

致推荐人：

  兹有申请人报上海交通大学电子信息与电气工程学院工程管理硕士（MEM），衷心感谢您在百忙之中拨冗填写本推荐信。请您完整填写下列内容，如果您有其他补充，请附在表后，请您签名后交还申请人，由申请人随其他申请资料一并提交给海交通大学电子信息与电气工程学院 MEM 教育中心。

申请人姓名：_____　　　　　职务：_____

您在何种场合认识申请人？认识申请人已有多长时间？
_____
_____

请您评价申请人的突出优点及特点。
_____
_____
_____

在您看来，该申请人的工程实践能力与团体协作能力如何？（包括他与上级、同级、下级的协作工作能力）
_____
_____
_____

请就以下各项对申请人进行评估：

评估方面	优秀	良好	平均	低于平均	无法判断
道德品质					
想象力与创造力					
工程实践能力					
管理沟通能力					
团队协作能力					
分析判断能力					
逻辑思辨能力					
领导能力					
英语程度					

您认为申请人在哪些方面需要进一步提高？

_____

_____

请给出您对申请人的总体评价：

○ 极力推荐　　　　　○ 推荐

○ 有保留的推荐　　　○ 不推荐

推荐人姓名		职务 / 职称	
单位			
地址			
邮政编码		电话	传真

推荐人签名：_____　　日期：_____

（三）申请人自述

1. 请介绍您现在的工作单位的组织架构，您在其中的扮演的角色和相关职责。

【范文示例】

①现在工作单位的组织机构：公司总部在××，××厂区是××集团××地区的研发销售中心及技术服务中心；本人隶属于××部门，汇报对象为部门经理。

②在其中扮演的角色：××工程师。

③岗位职能：

a. 新品研发：负责××产品开发，制成××策划。

b. 流程制订：负责××制作及××流程文件发行。

c. 项目开发：负责××全自动化生产线、新技术（××等）的项目开发。

d. 项目跟进：负责新设备及工装的技术规格书制作，询价，厂商定点，设计方案评审，开发项目跟进，试模调试，打样，问题改善。

e. 跨地区项目支持：负责跨国项目的交接，现场培训，技术服务及跨厂区的项目移转、技术支持。

2. 请列举您在工作中3个最主要的成就，并客观评价自己在工作中的优势和不足。

【范文示例】

①成就：

a. 规范了××测试工作流程。

b. 参与了××，成功建立××网站。

c. 重新梳理、重建了××的测试数据。

②不足：

a. 没有系统的管理相关知识，对事业发展有一定的影响。

b. 学历为本科，缺乏竞争力。

c. 有一点拖延。

3. 未来5年内，您给自己设定了什么职业目标，您希望通过在交大MEM学习到哪些知识以助力您的目标达成？

【范文示例】

①未来两年内，在事业上精进，在学业上充实。完成目前××项目的开发，导入××，实现全自动化生产；培养新员工，组建设备开发和维护团队，掌握××和××的运用及设备的使用；完成MEM学业，总结项目开发经验，并汇总××，建立项目策划和项目开发的系统文件，在××领域做一名管理者。

②未来5年内，优化团队管理，提升公司在业内的影响力与综合竞争力。通过定目标、建组织、教育训练、考核的管理方式，提升团队凝聚力和竞争力；运用××工具，推动省人化、精减机构、替代料开发，提升管理能力，为公司运营节省成本，并提升行业品牌影响力和竞争优势。

希望通过MEM学习××，助力于目前的××项目开发，目前该项目导入了××机器2台，××设备2套，××切割机器2台。

期望能将学习的知识应用于工作中，为自己未来的发展提供帮助。

4. 除了以上所有已填写的信息外，你认为我们还需要了解什么？我们将仔细审核你所有的书面资料，来决定你的下一步申请。

【范文示例】

①在标准工时制定、作业动作改善、生产流程优化、系统完善、物流规划、厂房与线体规划、产能评估等××工作方面积累了丰富的经验。

②精通××的七大手法，掌握精益生产推行工具，擅长全员持续改善，生产线平衡改善。

③具有较强的组织统筹能力、沟通协调能力。

④精通××等工程设计软件，能够完成产品设计工作，可负责样品的开发。

⑤精通××等各类工程标准作业的制定，组装机构异常分析和解决问题能力较强，能够带领团队完成新产品的开发和导入工作。

⑥了解精益office，熟悉管理事务流程的分析、优化。

⑦对生产设备管理，维护拥有实战经验。

⑧有成本分析、产品报价经验。

第九节　东华大学

一、院校简介

（一）概况

东华大学是教育部直属、国家"211"工程重点建设的高校，是我国首批具有博士、硕士、学士3级学位授予权的大学之一。学校创建于1951年，前身是华东纺织工学院；1960年成为全国重点大学；1985年更名为中国纺织大学；1999年更名为东华大学。学校地处中国上海，占地面积近2000亩（1亩=666.67平方米），系"上海市花园单位"。

东华大学计算机科学与技术学院是首批获准面向全国招收和培养在职人员攻读工程管理硕士专业学位的教学单位，是东华大学"计算机技术"和"软件工程"工程硕士专业学位唯一授予点。学院拥有国家级东华万瑞智慧医疗国家级工程实践教育中心，上海市专业学位研究生实践基地，上海市计算机科学与技术实验教学示范中心，以及数据库、新媒体、电子政务、嵌入式系统、云计算等多个联合实验室。

学院现有4个研究方向及学科团队：数据仓库与智能信息系统；网络计算与信息安全；图象处理与模式识别；计算机系统与嵌入式技术。

（二）项目介绍

东华大学于 2010 年成为我国第一批工程管理硕士（MEM）培养院校。旭日工商管理学院工程管理硕士设有非全日制（工程管理，招生代码：125601）和全日制（物流工程与管理，招生代码：125604）两种培养项目。其中，非全日制 MEM（招生代码：125601）培养既具有宽广的工程技术专业知识，又具备工程管理领域坚实的管理素质和能力，能够承担重要复杂的工程管理工作，具有较强的计划、组织、协调和决策能力的高层次、复合式、应用型工程管理人才；全日制 MEM（招生代码：125604）是以工程管理和物流管理学科为基础，培养既能掌握现代物流管理理论与技术、适应国内外物流工程技术高速发展，又具有现代经营意识和国际战略眼光，能独立承担物流技术和运作管理工作的高层次、复合型、跨学科的物流管理人才。

（三）项目设置

这里主要介绍非全日制 MEM。

1. 适用行业

IT 计算机、制造、电子、通信、工程、房产、建筑、能源、电力、会展、金融、军工等。

2. 培养特色

- **多学科融合，"工程＋管理"的应用型工程管理人才培养模式**

发挥多学科合作办学的优势，建立校、院两级组织机构和良好的沟通协调机制，整合各工程领域的优势和管理学科的强项，让学生在掌握坚实的工程管理基础知识、一般工程管理理论基础上，能接触到各工程领域的专业技术，真正实现工程和管理并重的人才培养模式。

- **校企联动，注重实践基地建设和培养学生的工程实践能力**

校企联动建设多个专业学位研究生实践基地，通过基地项目实践、校内科研中心实践平台、教师科研项目参与、学位论文与工程实践项目结合等多种方式，让学生融入现实工程实践中，运用 MEM 学习的技术方法和管理理论进行探讨分析，激发创新思维，提出解决企业问题的方案，锻炼逻辑思维，提升工程实践能力。

- **"双导师"师资团队**

依托 MEM 专业学位点，多专业教师强强联合，进行跨学科领域合作研究、专任教师与校外企业导师间的校内外合作研究的良性互动平台，为 MEM 学生的工程技术专业素质培养与工程管理理论提升提供了良好的实践教学支持。

- **工程管理卓越人才职业发展支持计划**

依靠学校强大的理工科背景优势，引导学生掌握最前沿的、最先进的工程技术及专业管理知识。就业指导中心为学生量身定制职业发展计划。满足相应条件的学生可申请符合相应级别的 IPMP 证书，助力职业发展。

- 多层次的资源共享平台

与 MBA 培养接轨，增强 MBA、MPAcc、MEM、MF、MIB 学生、校友间的互动，共同参与校园活动及学校建设。学校还将定期邀请资深学者、业界精英、商界名流进行专题演讲，带来最新最前沿的学术信息，传递最新最及时的政策动态，同时还将开设创新创业等系列专题讲座，有意向创业的同学还有机会获得大学生创新创业基金的支持。

3. 培养机制

学习形式	非全日制（定向就业）培养
学制	2.5 年（最长学习时间不超过 5 年）
上课时间	一般安排在周末及业余时间
学费	12.8 万元

4. 报考条件

招收对象为中华人民共和国公民；拥护中国共产党的领导，愿为社会主义现代化建设服务，品德良好、遵纪守法。

大学本科毕业后有 3 年以上工作经验的人员；获得国家承认的高职高专学历后，有 5 年以上工作经验，达到与大学本科毕业生同等学力的人员；已获硕士学位或博士学位并有 2 年以上工作经验的人员。

二、面试流程

（一）正常批面试流程

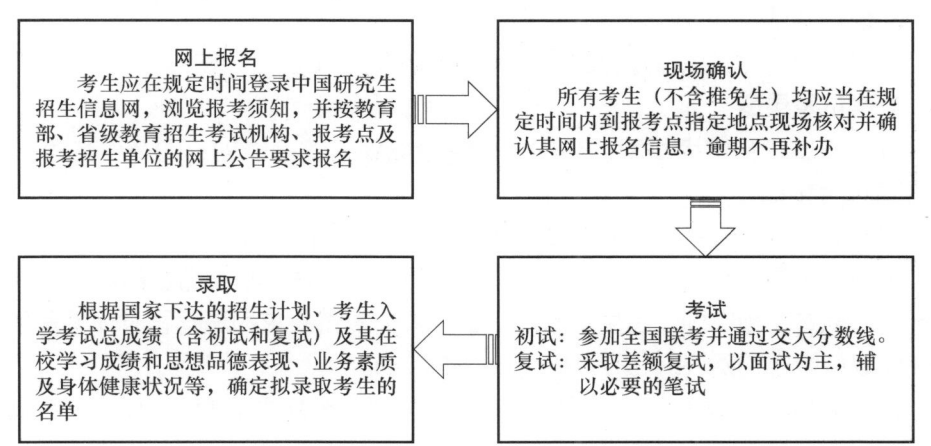

（二）提前批面试流程

1. 预审面试

东华大学 2021 年旭日工商管理学院非全日制工程管理硕士 MEM（招生代码：125601）实行预审面试。考生可扫描下方二维码申请参加预审面试，预审面试时间以官网公布为准。

（1）参加预审面试成绩达到"优秀"（C 线资格）的考生，在全国管理类联考成绩达到国家复试分数线，并完成国家及东华大学规定的复试流程后，同等条件下优先录取。

（2）参加预审面试成绩达到"良好"（B 线资格）的考生，在全国管理类联考成绩达到国家复试分数线后，将按照全国管理类联考笔试成绩＋面试成绩总分排名，并完成国家及东华大学规定的复试流程后择优录取。

（3）参加预审面试成绩达到"合格"（A 线资格）的考生，在全国管理类联考成绩达到东华大学复试分数线，并完成国家及东华大学规定的复试流程后择优录取。

以上若有与教育部 2021 年研究生招生政策不符之处，以国家政策及东华大学研究生招生办公室的规定为准。

2. 网上报名

考生请于 10 月 10 日在 http://yz.chsi.cn 提交报名信息。

3. 现场确认

东华大学考点或东华大学 MBA 教育中心官网通知。

4. 考试及录取

（1）初试。初试考试科目：① 199 管理类联考综合能力；② 204 英语 /203 日语 /202 俄语。

（2）复试。复试包含政治笔试、英语测试和综合能力测试。

东华大学工程管理硕士复试分数线公布后，考生根据复试分数线和预审面试情况（含未参加预审面试考生）参加复试。具体复试要求和流程届时详见东华大学 MBA 教育中心官网（http://mba.dhu.edu.cn）。

（3）录取。具体录取方案详见东华大学 MBA 教育中心官网（http://mba.

dhu.edu.cn）通知。学校将根据考生的初试成绩、复试成绩，并结合考生工作实绩及体检结果，择优录取。

三、面试素材

（一）个人简历

◆ 个人信息

* 面试申请号：　　　　　　　　　　* 报考方向：
* 面试批次：
* 姓：　　　　　　　　　　　　　　* 名：
* 姓名拼音：　　　　　　　　　　　* 出生日期：
* 性别：　　　　　　　　　　　　　* 身份证号：
* 电子邮件：　　　　　　　　　　　* 婚姻状况：
* 城市：　　　　　　　　　　　　　* 通信地址：
　邮编：　　　　　　　　　　　　　* 手机：
　固话：　　　　　　　　　　　　　　传真：
* 紧急联系人姓名：　　　　　　　　* 紧急联系人关系：
　紧急联系人固话：　　　　　　　　* 紧急联系人手机：

◆ 国民教育最高学历/学位

* 院校名称：　　　　　　　　　　　* 学历：
* 学位：　　　　　　　　　　　　　* 是否全日制：
* 学习形式：　　　　　　　　　　　* 专业：
* 学习起始日期：　　　　　　　　　* 学习完成日期：
* 学位/学历获得日期：

◆ 其他学位或学历

院校名称：　　　　　　　　　　　　学校所在地：
开始时间：　　　　　　　　　　　　结束时间：
所获学位：　　　　　　　　　　　　获得日期：
是否全日制：　　　　　　　　　　　专业：

◆ 所受其他培训

课程名称1：　　　　　　　　　　　培训机构：

培训开始日期：　　　　　　　　　　培训完成日期：
成绩：
课程名称2：　　　　　　　　　　　　培训机构：
培训开始日期：　　　　　　　　　　培训完成日期：
成绩：

◆ **专业资格**

证书名称：　　　　　　　　　　　　颁发机构：
授予日期：　　　　　　　　　　　　资格证书级别：

◆ **目前工作信息**

＊全职工作经验：　　　　　　　　　＊管理工作经验：
＊目前工作单位：　　　　　　　　　＊目前单位地址：
＊是否是企业法人或合作人：　　　　＊是否是500强企业：
＊目前工作行业：　　　　　　　　　＊公司性质：
＊岗位类型：　　　　　　　　　　　＊职务：
＊担任此职务年限：　　　　　　　　＊单位或集团员工数：
＊直接下属员工数：　　　　　　　　＊是否是上市公司：
＊资产总额（万元）：　　　　　　　＊年销售额（万元）：
＊近3年平均年薪（税前，单位：万元）：　＊最后年薪（万元）：

◆ **以往工作经历**

单位名称：　　　　　　　　　　　　开始时间：
结束时间：　　　　　　　　　　　　公司性质：
岗位类型：　　　　　　　　　　　　行业：
资产总额（万元）：　　　　　　　　年销售额（万元）：
职务：　　　　　　　　　　　　　　最后年薪（税前）：

（二）推荐信

每位申请人自愿提交1封推荐信（中文即可），并请提供推荐人的个人信息。

推　荐　信

致推荐人：

　　兹有申请人报考东华大学工程管理硕士（MEM），衷心感谢您在百忙之中拨冗填写本推荐信。请您完整填写下列内容，如果您有其他补充，请附在表后。请您签名后交还申请人,由申请人随其他申请资料一并提交给东华大学 MEM 教育中心。

申请人姓名:_____　　　　　职务:_____

您在何种场合认识申请人?认识申请人已有多长时间?
_____
_____

请您评价申请人的突出优点及特点。
_____
_____
_____

在您看来,该申请人的工程实践能力与团体协作能力如何?(包括他与上级、同级、下级的协作工作能力)
_____
_____
_____

请就以下各项对申请人进行评估:

评估方面	优秀	良好	平均	低于平均	无法判断
道德品质					
想象力与创造力					
工程实践能力					
管理沟通能力					
团队协作能力					
分析判断能力					
逻辑思辨能力					
领导能力					
英语程度					

您认为申请人在哪些方面需要进一步提高?
_____
_____

请给出您对申请人的总体评价：
○ 极力推荐　　　　　○ 推荐
○ 有保留的推荐　　　○ 不推荐

推荐人姓名		职务/职称	
单位			
地址			
邮政编码		电话		传真	

推荐人签名：_____　　　　　日期：_____

第十节　西安交通大学

一、院校简介

（一）概况

西安交通大学是国家教育部直属重点大学，为我国最早兴办的高等学府之一。其前身是 1896 年创建于上海的南洋公学，1921 年改称交通大学，1956 年国务院决定交通大学内迁西安，1959 年定名为西安交通大学，并被列为全国重点大学。西安交通大学是"七五""八五"计划首批重点建设项目学校，是首批进入国家"211"和"985"工程建设、国家确定为以建设世界知名高水平大学为目标的学校。2017 年，在国家公布的"双一流"建设名单中，入选一流大学 A 类建设高校，8 个学科入选一流建设学科。

今日的西安交通大学是一所具有理工特色，涵盖理、工、医、经济、管理、文、法、哲、教育和艺术等学科门类的综合性研究型大学。建校 120 余年来，学校形成了兴学强国、艰苦创业、崇德尚实、严谨治学的优良传统，爱国爱校、追求真理、勤奋踏实、艰苦朴素的优秀品格，起点高、基础厚、要求严、重实践的办学特色。

西安交通大学管理学院始建于 1928 年，1984 年 12 月恢复重建，是我国较早的管理学院之一。现有管理科学与工程、工商管理两个国家一级重点学科，拥有管理学科与工程、工商管理两个一级学科博士点和博士后流动站，是国家第一批工商管理硕士（MBA）和高级管理人员工商管理硕士（EMBA）试点学院之一，也是全国首批工程管理硕士（MEM）和会计硕士（MPAcc）招收院校之一。

（二）MEM 项目简介

近 20 年来，"技术创新＋商业模式创新"已经成为推动全球经济发展的发动机，深谙"技术创新＋商业模式创新"的工程管理人才，成为推动经济发展的核心要素。为适应社会经济和技术发展对高层次复合型工程管理者的需求，西安交通大学管理学院设立工程管理硕士专业学位（MEM）项目，旨在通过为从事工程管理的工程技术人才、管理人才提供横跨管理类和相关工程技术前沿类知识的复合型教育，助力工程技术人员和管理人员成长为掌握国际性视野、系统性思维、深谙重大工程的管理规律、具备扎实的管理理论、精湛的管理能力、熟练的实务操作方法，并具备出色领导艺术与沟通能力的高层次、国际化的领导者和管理者。

（三）研究方向

1. 电子商务与大数据管理。
2. 项目管理。
3. 能源化工工程管理。

（四）MEM 项目特色

- **IPMP 国际认证（学历教育与国际专业资质认证相结合）**

2017 年 10 月，根据"全国工程管理专业学位研究生教育指导委员和中国（双法）项目管理委员会"的授权，该院成为全国首批"国际项目经理（IPMP）人才培养基地"之一，MEM 研究生在全部课程学习结束后，可免笔试申请国际项目管理协会在全球推广的国际项目经理资质认证证书（IPMP 证书）。

- **先进的教学模式和雄厚的师资力量**

项目教学倡导理论与实践并重、国际化与本土化并行的理念。授课教师兼具深厚学术造诣和丰富的管理实践经验，教学体系完整、教学方法先进。课程设置紧密结合国家"一带一路"发展和新科技发展趋势，开设大数据管理、项目管理、能源工程管理等选修课程。

- **基于能力提升的第二课堂和广泛深入的校企合作**

项目重视学生的成长与发展，开设了内容丰富、形式多样的第二课堂，与知名企业共同打造合作平台，增强学生与企业的互动交流。

- **多样化的对外交流**

通过开展联合实践项目、海外专家讲座等方式，多途径多形式地开展各种交流活动，借助新丝绸之路大学联盟及"一带一路"管理学院子联盟平台，加强与沿线国家和地区高校学生的交流互动。

- **百年交大所积淀的多学科优势和深厚的人文底蕴**

依托百年交大深厚的文化底蕴，发挥综合性大学的多学科优势，项目将开办系列讲座活动，邀请名师大家主讲，为学生提供与名师面对面的学习机会，全面提升交大 MEM 学生素养。

- **遍布世界各地的庞大校友网络和丰富的人脉资源**

管理学院已有数万名校友，遍及全国乃至世界各地，在政界、企业界、文化界等众多领域中发挥着重要作用，在实现个人价值的同时发扬了母校的优良传统，他们也以各种方式为交大 MEM 学生提供了多方位、切实有力的支持。

- **倡导职业精神和社会责任的交大 MEM 文化**

项目自创立之初，我们提出了交大 MEM 学生应勇于承担社会和民族发展，引领创新重任的要求。培养过程中始终强调学生应将个人发展融入社会和国家的发展之中，倡导以创新性精神、创新性理论和工具、创新性工作方法，引领工程管理的发展，以创新作为实现职业化的管理人才提升的基石，成为助推社会发展的中流砥柱。

（五）培养机制

学习时间	2.5～5 年
学习方式	周末或节假日授课。其中 1.5 年利用业余时间进行课程学习，修满学分后撰写学位论文
学费	13.8 万元/人（暂定，以财务部门公示为准），分 3 次交齐
分期贷款	学费分期（贷款）：建设银行、浙商银行等可提供非全日制学费分期（贷款）
备注	对联考成绩优异的新生，按等级设立新生奖学金（奖励办法另行公布）

（六）报考条件

1. 拥护中国共产党的领导。
2. 愿意为社会主义现代化建设服务，品德良好，遵纪守法。
3. 国民教育系列大学本科毕业后有 3 年或 3 年以上工作经验的人员（2018 年 9 月 1 日前获得毕业证书）；获得国家承认的高职高专毕业学历后，有 5 年或 5 年以上工作经验的人员（2016 年 9 月 1 日前获得毕业证书）；已获硕士学位或博士学位并有 2 年或 2 年以上工作经验的人员（2019 年 9 月 1 日前获得毕业证书）。

4. 年龄不限，身体健康状况符合规定的体检标准。

二、面试流程

（一）正常批面试流程

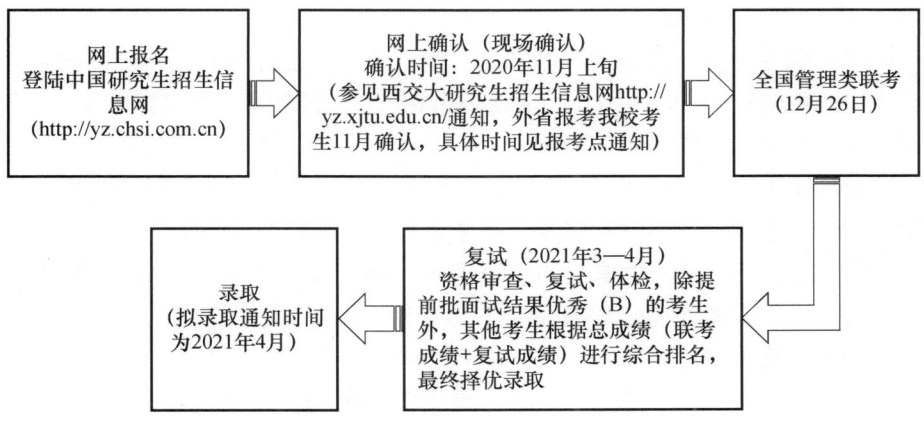

（二）提前批面试流程

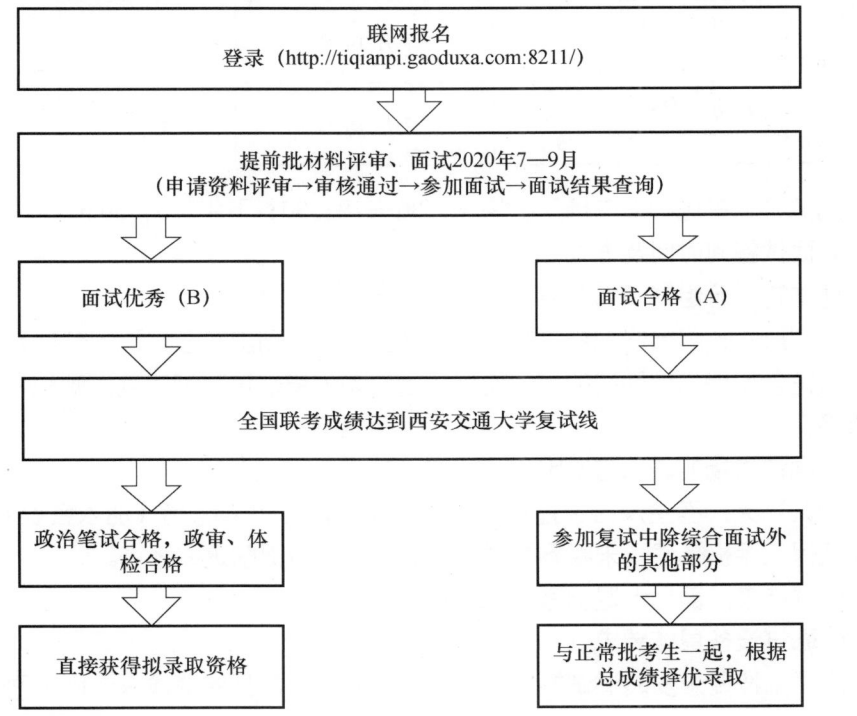

（三）提前批面试（第 1 批）安排
1. 面试日期
提面时间：2020 年 7 月 14－15 日，考生面试时间为每人 20 分钟。
2. 提面对象
凡在 2020 年 6 月 30 日 24：00 前提交申请资料且审核合格者，将安排在 7 月 14－15 日第一场面试。

如果有考生确实无法参加本场面试，请于 7 月 6 日前给我们发一封邮件（邮箱：gclacn@mail.xjtu.edu.cn），简单说明推迟面试原因，可以调整到 8－9 月面试。由此带来的不便请考生谅解。

请参加第 1 场面试的考生加入 QQ 面试群（仅限第一场面试考生入群），以便办理签到分组手续；具体群号将发至考生手机上，请注意查收。

7 月 1 日 0：00 时以后提交申请资料者，将视报名人数 8－9 月后续再安排面试，每人当年只能参加一次提前批面试。

3. 面试方式和分组
采取网络面试（个人面试），使用腾讯会议系统。网络远程面试所需设备、要求等见《考生须知》。

面试内容	面试日期	面试签到分组时间
提前批面试 （综合能力、英语听力和口语）	7 月 14 日	7 月 10 日 12：00—16：00
提前批面试 （综合能力、英语听力和口语）	7 月 15 日	

面试分上午场和下午场，上午 8：30－12：30；下午 13：30－17：30。

4. 面试签到时间及方式
面试签到分组时间为 7 月 10 日 12：00－16：00。

签到形式：用微信扫描二维码（二维码将于签到前在面试群内公布）。

所有参加提前批面试的考生均需签到，如未按规定时间签到，则视为放弃面试资格。

5. 面试考场的进入与退出
面试当天，考生及时关注群内提醒信息，及时进入考场（加入会议）。等待过程须保证手机畅通，未收到面试秘书通知，不得提前进入考场。

面试结束，请马上退出考场（离开会议）。

6. 面试设备具体要求
面试前按要求安装调试好设备。考生端两台设备开启摄像头，用于面试的设备摄像头对准考生本人；用于监控面试环境的设备摄像头从考生后方呈 45°拍摄。要保证考生考试屏幕及考试环境能清晰地被面试专家组看到。

考生面试时正对摄像头保持坐姿端正，视频中考生图像底端始终不得高于腹部，双手和头部完全呈现在面试专家可见画面中，桌面不允许摆放任何资料。

考生面试时不得过度修饰仪容，不得佩戴墨镜、帽子、头饰、口罩等，头发不得遮挡面部，必须保证视频中面部图像清晰，具体如下图所示。

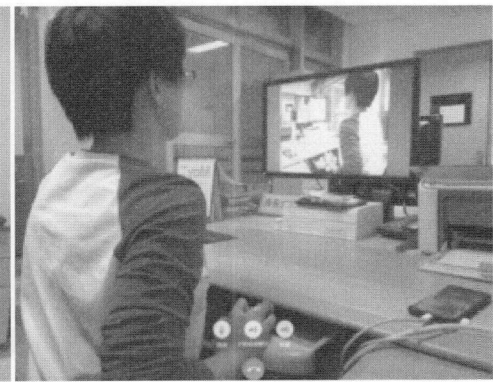

考生必须提前测试设备和网络，保证设备电量充足，网络连接正常。务必关闭移动设备通话、外放音乐、闹钟等可能影响面试的应用程序。

面试环节中由于考生未提前测试设备产生的一切问题，后果由考生自行承担。

学生端连接面试视频的设备不允许再运行其他网页或软件，设备须处于免打扰状态，保证面试过程不受其他因素干扰或打断，不得与外界有任何音、视频交互，除监控外的其他电子设备必须关闭。

7. 诚信面试

提前批面试作为国家研究生招生考试的一部分，内容属于国家机密级。面试过程中禁止录音、录播和录屏，禁止将相关信息泄露或公布；全程只允许考生一人在面试房间，禁止他人进出。若有违反，视同作弊。面试过程中有违规行为的考生，一经查实，即按照规定严肃处理，取消录取资格，记入《考生考试诚信档案》。入学后 3 个月内，该校将按照《普通高等学校学生管理规定》有关要求，对所有考生进行全面复查。复查不合格的，取消学籍；情节严重的，移交有关部门调查处理。

三、面试素材

（一）报名申请表

西安交通大学 MEM 提前批面试报名申请表

学生信息		在此粘贴 1 寸数码照片
姓名：	电子信箱：	
性别：	联系电话：	

一、个人信息

报考教学点：☐ 西安　　☐ 深圳　　☐ 其他：
中文姓名：_____　　性别：☐ 男　☐ 女　　国籍：☐ 中国　☐ 其他_____
英文姓名或者拼音：_____
第二代身份证号码：_____
出生日期：_____年_____月_____日
电子信箱：_____
住宅电话：（区号）_____－_____　办公室电话：（区号）_____－_____
手机（常用）：_____　传真：（区号）_____－_____
住宅地址：_____省_____市_____　邮编：_____
办公地址：_____省_____市_____　邮编：_____
通信地址：_____省_____市_____　邮编：_____

二、学历状况

第一学历获得时间：_____ 年 _____ 月（以毕业证日期为准）

最高学历：□ 研究生　□ 本科　□ 大专

最高学位：□ 博士　□ 硕士　□ 学士　□ 无学位

请按照先后次序列出曾经毕业的学校或学术机构（仅填写高中以后的学习经历）

学校名称	起止日期（年／月）	专业
_____	_____ 至 _____	_____
_____	_____ 至 _____	_____
_____	_____ 至 _____	_____
_____	_____ 至 _____	_____

三、工作背景

目前工作单位：

单位名称：(中文) _____

单位人数

□ <50　□ 50～99　□ 100～299　□ 300～499　□ 500～999　□ 1000～4999
□ 5000～9999　□ >10000

您所在的部门：_____　部门人数：_____　现任职务：_____

担任该职务的年限为 _____ 年

职称 □ 无　□ 初级　□ 中级　□ 高级

您的工作领域：_____

单位主要财务数据（货币单位：□ 人民币　□ 欧元　□ 美元　□ 其他 _____）

公司年销售收入_____万元	公司总资产_____万元
年所得税缴纳_____万元	年利润_____万元
是否为上市公司：☐ 否 ☐ 是 在_____（证券交易所）上市 上市代码：_____	
是否为子/分公司：☐ 否 ☐ 是 总公司是_____（中文）	
是否是合资或外资公司：☐ 否 ☐ 是 投资方_____（中文）	
单位网址：_____	

以往主要工作经验（参加工作以来的所有工作经历，请按时间先后顺序填写）

机构名称	所在地	职位名称	起止日期（年/月）
_____	_____	_____	_____至_____
_____	_____	_____	_____至_____
_____	_____	_____	_____至_____
_____	_____	_____	_____至_____
_____	_____	_____	_____至_____
_____	_____	_____	_____至_____

请评估您对工程技术背景及管理背景的熟悉程度（该信息将被用来作为参考）

工程技术	低	一般	高	管理背景
能源化工工程	☐	☐	☐	企业战略
信息工程	☐	☐	☐	组织与人力资源
建筑及基础设施工程	☐	☐	☐	生产运营管理
生产工程	☐	☐	☐	生产现场管理
机械工程	☐	☐	☐	研发管理
电子工程	☐	☐	☐	营销管理
其他（请注明）				其他（请注明）

四、相关信息

您了解西安交通大学 MEM 专业学位招生信息的渠道：
☐ 西安交大学员或教授　☐ 同事或朋友　☐ 媒体报道　☐ 报纸、杂志广告（请列出名称）_____

☐ 学院推广活动　☐ 学校网站（som.xjtu.edu.cn）　☐ 搜索引擎　☐ 本公司的人力资源部
☐ 其他（请列出名称）_____

五、荣誉和奖励

请列出您最近 3 年获得的奖励或其他成就（包括专利著作）（从最重要的开始）。

_____	_____	_____
_____	_____	_____
_____	_____	_____

六、附件

个人自述及报考 MEM 的目的（400~500 字）

注：其他需要提供的证明材料（须提供电子版和纸介质材料）如下：

1. 身份证复印件 1 份（正反面）；

2. 所有学历学位证书复印件各 1 份，含海外学习证明（可选）；

3. 职业资格证书及荣誉证书。

（二）推荐信

每位申请人自愿提交 1 封推荐信（中文即可），并请提供推荐人的个人信息。

推 荐 信

致推荐人：

  兹有申请人报考西安交通大学工程管理硕士（MEM），衷心感谢您在百忙之中拨冗填写本推荐信。请您完整填写下列内容，如果您有其他补充，请附在表后。请您签名后交还申请人，由申请人随其他申请资料一并提交给西安交通大学 MEM 教育中心。

申请人姓名：_____　　　　　　职务：_____

您在何种场合认识申请人？认识申请人已有多长时间？

_____

_____

请您评价申请人的突出优点及特点。

_____

_____

_____

在您看来，该申请人的工程实践能力与团体协作能力如何？（包括他与上级、同级、下级的协作工作能力）

_____

_____

_____

请就以下各项对申请人进行评估：

评估方面	优秀	良好	平均	低于平均	无法判断
道德品质					
想象力与创造力					
工程实践能力					
管理沟通能力					
团队协作能力					
分析判断能力					
逻辑思辨能力					
领导能力					
英语程度					

您认为申请人在哪些方面需要进一步提高？
_____
_____

请给出您对申请人的总体评价：
○ 极力推荐　　　　　　○ 推荐
○ 有保留的推荐　　　　○ 不推荐

推荐人姓名		职务/职称	
单位			
地址			
邮政编码		电话	传真

推荐人签名：_____　　日期：_____

第四章 MEM 面试实战

第一节 MEM 面试的考查维度

一、提前面试的目的

紧随 MBA 之后，MEM 也越来越注重面试，很多学校 MEM 也效仿 MBA 举行提前批面试，而 MEM 提前批面试是每个知名 MEM 院校在抢夺优质生源中必然采取的一个策略。

院校在提前面试、复试阶段，通常采用结构化面试的形式，结构化面试是在工作分析的基础上精心设计与工作有关的问题和各种可能的答案，并根据被试者回答的速度和内容对其做出等级评价的面试。

提前面试是一种比较规范的面试形式，有效性和可靠性较高，但不能进行设定问题外的提问，这限制了面试的深度，而且问题均已事先安排好，整个面试过程显得不自然，而且问题也问得很唐突。而在结构化面试中，院校教师可以获得考生的教育背景、职业背景、工作能力等信息，并且通过这些信息，院校教师可以判断其是否符合本院校的招考目标，因此科学有效的结构化面试，有助于院校对考生进行更为准确的个人能力评估。

二、结构化面试的考查方向

（一）一般能力

• 语言表达能力

考查考生可以清晰流畅地表达自己的思想、观点的能力，说服别人的能力，以及解释、陈述事情的能力。

• 逻辑思维能力

考查考生可以对事物进行观察、比较、分析、综合、抽象、概括、判断、推理的能力，揭示事物的内在联系、本质特征及其变化的能力。

（二）管理能力

- **决策能力**

考查考生对重要问题进行及时有效的分析和判断，做出科学决断的能力。

- **组织协调能力**

考查考生根据工作任务，对资源进行分配，同时控制、激励和协调群体活动过程，使之相互融合，从而实现组织目标的能力。

- **创新能力**

考查考生是否拥有发现新问题、产生新思路、提出新观点和找出新方法的能力。

- **人际沟通能力**

考查考生是否可以通过情感、态度、思想、观点的交流，建立良好的协作关系及良好的上下级关系。

三、面试流程

1. MEM 提前批面试申请的一般流程

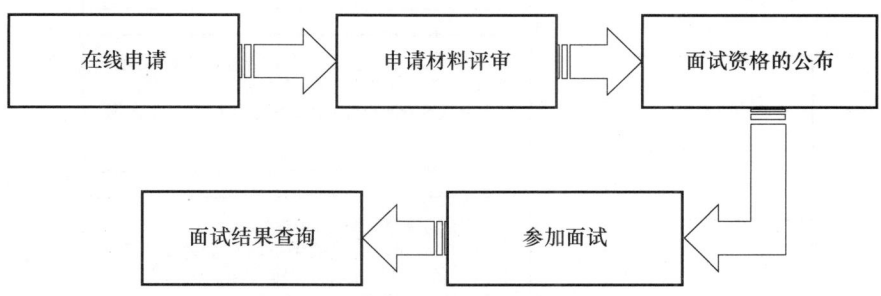

提前批面试申请流程各高校要求不同，对大部分院校，可直接按要求申请面试，也有院校需要先通过一轮考核，方有资格提交材料申请参加面试。

例如：北京大学工学院 MEM 项目提前复试分为笔试和面试两部分，考生笔试通过后才能申请面试；清华大学 MEM 项目考生需在清华 MEM 中心官网提前面试报名系统中申请联考基础知识评测，评测合格后，才在官网中提交个人资料申请提前面试。

2. MEM 的详细面试流程

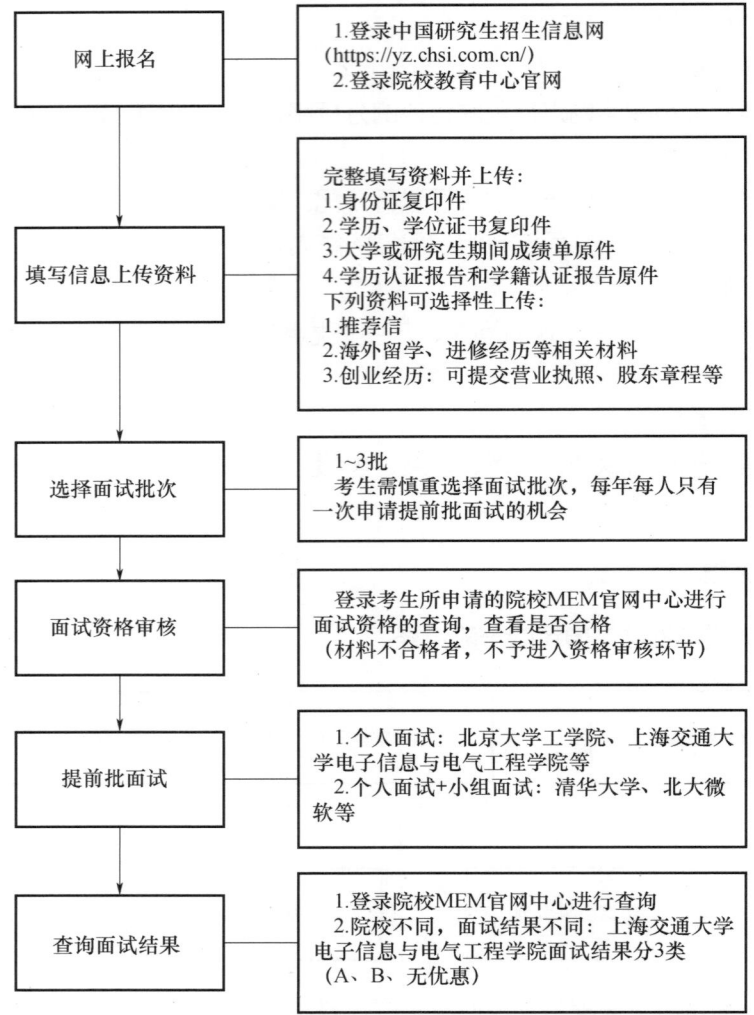

四、参与面试

（一）个人面试

考官与考生以多对一的形式进行 15～20 分钟的面试，包括英语口语的考查。

个人面试内容基本包括：专业知识背景；工作业绩；研究计划与设想（考生入学后的规划）；英语水平；综合素质，特别是与管理能力、创新能力相关的潜在素质，以及专家认为有必要了解的其他情况。

部分院校以个人面试为主，例如北大工学院 MEM、上海交大电院 MEM、北邮 MEM、北航 MEM 及华东理工大学 MEM。

（二）个人面试 + 小组面试

"个人面试 + 小组面试"主要为个人面试和无领导小组面试。

个人面试

（1）形式：中文 + 英文。
（2）时间：10～15 分钟/人。
（3）考查内容：
①考生个人介绍。
②选题问答。
③英文问答：1～2 个。

小组面试

（1）形式：中文。
（2）考查形式：
①综合素质测试：无领导小组讨论。
②随机分组；6～8 人一组。

采取个人面试 + 小组面试形式的院校有清华 MEM、北大软微 MEM 等。

注：北京大学工学院在参加提前批面试之前，需参加院校组织的笔试，笔试通过才可参加提前批面试。

五、考查要点

选拔考试是从候选者中选出优秀者，对 MEM 的选拔，什么是优秀的人才是我们需要注意的？院校教师如何评定一个考生是优秀的呢？各个院校的评判标准不同，大致可从 5 个方面判断，见下表。

评判标准	考查内容	分值占比
教育背景	毕业院校、在校成绩	10%
职业经历	工作性质、工作业绩、所任职务等	40%
思维逻辑	在回答院校教师的问题时，考虑是否周全，分析是否具有逻辑性	25%
团队意识、沟通能力	是否善于与人合作、是否理解他人	20%
仪容仪表	面部表情、着装等	5%

第二节　MEM 面试实况

一、仪容仪表

（一）男士仪表及着装规则

（1）西装：西装是最标准最安全的面试着装，西装的面料以深色为主，带有暗或淡的花纹都可以，越是不明显看到的花纹，越能彰显西装的品质。

（2）衬衫：白色长袖衬衫是深色西装的标配，当然浅蓝、浅粉色、条纹衬衫也可以，但是要注意和西装搭配的协调性。

（3）领带：领带的长度要在腰带的下沿以上。领带的色调、图案花纹要与衬衫和西装搭配得体，可以平时多关注一些成功人士的搭配。

（4）腰带：以黑色的皮质腰带为宜。

（5）裤子：与上身的西装色调保持一致，不要太瘦，要保留一定的宽松度，长度恰好盖住皮鞋的鞋面即可。

（6）鞋子：以黑色的皮鞋为宜。

（7）袜子：以深色的袜子为宜，切忌穿白袜子。

（二）女士仪表及着装规则

（1）头发：干净整洁，齐肩的头发最好挽起，不留碎发。

（2）妆容：精致淡雅，切勿浓妆艳抹。

（3）裙装：长度到膝盖附近，切勿包身过短。

（4）裤袜：一定要穿，颜色和自身肤色接近即可。

（5）鞋子：匹配着装即可，若着短裙可搭配黑色高跟鞋或凉鞋，若着长裤可搭配黑色高跟鞋，高度适中。

(6) 香水：清新淡雅，不能未见其人，先闻其香。

(7) 配饰原则：少而精，风格接近，不要炫富。

二、面试实战

（一）个人面试

1. 个人面试流程

在不同院校的个人面试中，院校教师的数量、面试的时间、具体的环节和流程设置可能都会有差别。院校教师一般会有 3～5 人，此外还会配有 1～2 名助理，个人面试的时间一般为 10～30 分钟。具体流程如下图所示。

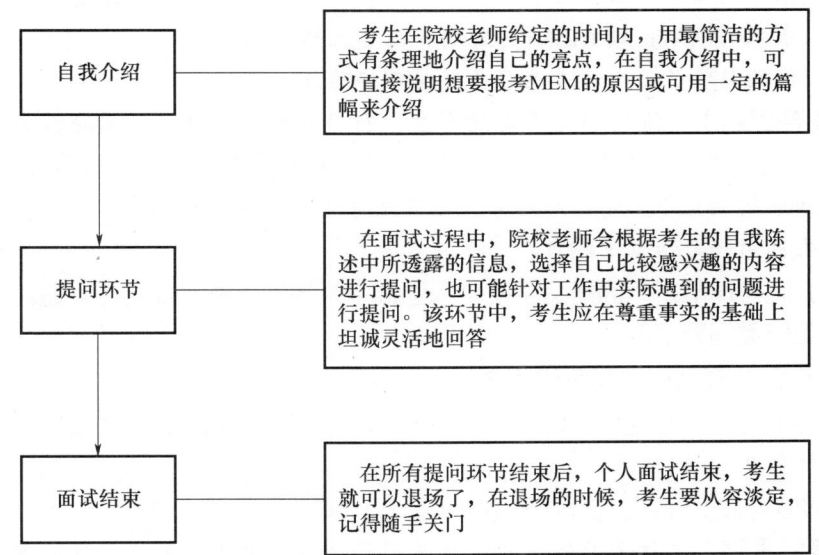

!注：在提问环节中，有些院校会安排英语面试问题，也有一些院校会有时事政治问题或管理的灵活运用等问题。针对考查时事政治的院校，考生在备考时，可阅读大量政治材料，并关注当前政治局势；针对英语面试问题，会在后面的内容中详细讲解。

2. 个人面试环节解读

（1）自我介绍。自我介绍环节是考生与院校教师交流的第一个环节。考生应在这个环节给院校教师留下好印象，因为第一印象非常重要。

①内容：基本信息、工作经历、报考 MEM 的原因、未来的规划、自身优缺点。

②时间：合理分配自我介绍时间，工作经历＞自身优缺点＞报考原因＞基本信息。

③语速：每分钟约为 180 字。

④在介绍工作经历中，要用实例与数据给自身的背景作支撑。

自我介绍环节是考官在考查考生的整体素质，所以在这个阶段要注意整体的展示，将自己的综合实力展现出来。

在内容一项，考生往往有一个误区，认为涵盖的内容越多越好，但对想要报考 MEM 的考生来说，这一部分不应涵盖太多的内容，应从以下几点进行阐述：

■ **自我介绍**
- ◆ 个人信息：姓名、籍贯、兴趣爱好等。
- ◆ 教育背景：专科及其以上学历、专业技能、学校表现等。
- ◆ 工作经历：工作岗位、工作职责、工作年限、工作突出表现等。
- ◆ 报考动机：学历提升、拓展人脉、行业的变化应对、企业发展等。
- ◆ 未来的规划：读 MEM 的规划和工作上的规划。
- ◆ 优势与特长：个人专业能力及管理经验。

【回答思路】对没有事先准备的考生，自我介绍的时间是很难把握的。一个完整的自我介绍，也许会涉及很多内容，但也是有侧重点的。考生需分清主次，院校教师一般侧重于工作经历部分，尤其是考生目前正在从事的工作。对兴趣爱好，考生可用一句话带过即可。

（2）问答环节。下面是考生在个人面试中，考官可能会提出的问题。

①工作类问题范例：

a. 你们公司有什么竞争优势？

b. 你目前处于项目经理的岗位，对你来说，这个岗位最具挑战的地方在哪里，是什么？

c. 你对自己的职业有什么规划？

【答题思路】工作方面的问题往往是问答环节最重要的部分，这一部分考官会一直围绕考生的工作实践进行。

其实，院校教师希望了解考生对自己工作及企业是否真正熟知，对管理工作是否充分认知，以及对所在行业行情的了解。问来问去，院校教师只是想要考查考生是否符合本校工程管理硕士的培养目标。所以针对此类问题，考生要在熟知企业的基础上，结合自己的工作实际情况，阐述自己的核心竞争力，在管理上的经验尤为重要，切勿"假大空"。

②观点类问题范例：

a. 你觉得你适合读工程管理硕士吗？

b. 怎么看待 2020 年头盔上涨的事件？

c. 对此次疫情，你如何看待我国的应对措施，又如何看待国外的应对措施？

【答题思路】这类问题考查得较为全面，重点考查考生的分析能力和表达能力。若该问题中，观点是对立的，则选择自己倾向的观点；若该问题中，观点是辩证统一的，则可以就正反两个方向的观点综合阐述看法。这类问题有很多，但主要是考查考生的综合能力。建议考生平时多积累方法与素材，多关注国家时事，避免在答题中出现答非所问的情形。

以"有人说，与其追求梦想，不如踏踏实实过日子，你是怎么看的？"这一问题为例：

- 开头过渡

直接重述题目，用自己的语言稍加解释一下，表个态即可。

【示例】

现在社会上有人说，与其追求梦想，不如踏踏实实过日子，我认为这句话不能简单地评价其对与错，应该辩证地来看待。

- 中间展开

中间部分需要详细地展开来谈自己有这样的想法的原因，可以先分析出现这种情况的背景和原因，分析这句话对与错，如何辩证地取舍，什么情况下是对的，什么情况下是不对的。当然，中间可以通过旁征博引来论证自己的想法。

【示例】

人生在世，总是要有点梦想的，如果人人都放弃梦想，那么活着也就跟死了一样没有区别。当然追求梦想是要付出代价的，可能风餐露宿，也可能颠沛流离，但是一旦梦想实现了，那种成就感和自豪感是任何物质所无法给予的。所以说追求梦想难能可贵，我们不应该放弃梦想，只是过着小富即安的所谓踏实日子。从这点来看，题干观点的价值取向是消极的、不值得称道的。毕竟马云说过，梦想还是要有的，万一实现了呢？

当然，从另一个角度来说，人生也有其朴实的一面，那就是平平淡淡才是真。很多人瞎折腾了一辈子，最后还是回到原点。与其瞎折腾去追求所谓的梦想，不如踏踏实实地过好自己的日子，照顾好自己的亲人，养育好自己的后代，孝敬好自己的长辈。以追求梦想为噱头，放弃自己应该承担的人生责任，放浪形骸，其实还不如平淡踏实地过好每一天呢！从这点来看，题干中的观点有其可取的一面。

- 结尾升华

结尾处切忌拖拖拉拉，要见好就收，无须滔滔不绝，以免言多语失，造成烂尾。

【示例】

其实完美的人生，不仅需要追求梦想来自我实现，也需要踏踏实实地过日子，这两者不完全矛盾，通过我们的变通是可以兼顾的。追求梦想的过程中，踏踏实实地工作，踏踏实实地生活，尽量做到工作与生活的平衡，才是驾驭人生的王道。

③报考动机类问题范例：

a. 你为什么报考我校的 MEM？

【答题思路】报考动机是院校教师主要考查的内容之一，绝大部分考生都会就系统地学习知识、扩展人脉等方面来回答。这样的回答在众多考生中是很难出彩的。考生除了要涉及攻读工程管理硕士的表面需求，也要涉及自身层次的动机。

- 直接回答

要实事求是地回答，切勿夸大、编造事实，以免给院校教师留下不好的印象。

- 回答方式

围绕自身的兴趣爱好、自我价值的实现等回答，但一定要注意自己的表达方式。考生的回答要和缓一些，让人听起来舒服、容易接受。考生可以围绕自己的兴趣爱好、人生价值自我实现等一些内在原因展开，切忌谈论社会大趋势，如这个专业今年比较热门，这个专业和我的工作对口等。

④自我认知类问题范例：

a. 请客观评价你自己的个性特征，包括优点和缺点。

b. 你觉得和同事相比，有什么突出的优点？

【答题思路】要具体结合实例来谈，不要泛泛而谈！常见的优点包括但不限于肯于钻研、创新思维、善于沟通、组织策划能力强等。应根据个人真实特点写3～4点，结合例子着重说。

- 以优点为主、缺点为辅

要以积极正面的认知为主，人无完人，每个人都有长处与短处，但在面试中，考生应先将自身的优点、长处、符合院校招生标准的方面展示给院校教师。若在对优点进行充分阐述后，还有空余的时间，可将自己暂时的缺点或不足进行补充说明，以展示自我认知的全面性。

【示例】

（1）优点：

①勤于思考，执行力强。能够在所负责的项目中依据需求制订项目策划和项目开发计划，组建项目研制团队，并进行合理的分工与合作关系的搭建，根据相关质量体系文件有效控制产品质量，从而使项目得以顺利开展，提升工作效率，保质保量保进度地完成项目工作。

②善于规划，创新力强。能够对可预见的未来进行提前部署，从而更好地应

对机遇和挑战。针对××设备的发展趋势和需求，我结合在研部分项目进行了关键技术攻关和技术储备，并提前制定了条件保障措施。在××项目立项后，能够快速完成方案设计与产品试制。

③乐于沟通，有大局观。在工作中，我能够有效地推动项目进展，时刻将团队荣誉放在第一位，以团队的角度思考问题。能够和同事进行良好的沟通，从错综复杂的情况中剖析问题的重点，帮助团队厘清思路，明确方向。

（2）缺点：在项目的管理工作中，发现了自己系统的管理理论知识储备不足，仍需进一步加强管理方面知识的体系建设。在未来，仍需要不断地学习，拓宽自己知识面。

- 论点支撑论据

考生要想将自己的认知作为论点提出，就必须有论据的支撑。例如，能证明自身性格特点、优点的实例，或者同事、领导对自己的评价等。

- 紧密贴合

考生应当围绕项目、职业、管理等方面进行回答，关联需紧密，可以将自己的兴趣爱好与自己的工作及其团队管理结合起来。

【示例】

院校教师问：你最大的爱好是什么？这一爱好对你有什么影响？

考生回答：我最大的爱好是看书，尤其是读演讲类书籍。这些年虽然工作烦杂、工作责任越来越大，但是我仍坚持每天抽出时间读书。演讲类的书籍可以锻炼我的思维逻辑能力与语言表达能力。在担任××项目负责人时，读书对我有重要的意义，如何克服困境、如何打造出一支更好的团队等这些问题往往都能在书中找到答案。

⑤**职业发展类问题范例：**

例如你近5年的职业规划是什么？你的职业理想是什么？你打算如何实现？

【答题思路】这是一种典型的关注"到哪里去"的问题，主要是为了考查考生能否正确看待自己的过去，在总结经验的基础上，结合自身的定位对未来进行规划，从而确定自己未来的发展方向。

- 职业目标是否有价值

考生的未来规划和职业目标是否有足够的价值，追求安逸、知足常乐生活的考生并非院校教师的首选，院校教师更倾向于录取那些有远大理想和职业追求的考生。

- 职业路径是否明确

职业路径最忌讳的是"假大空"，要制定一个可实现的职业路径，规划是要有实现理想和目标的手段和路径的，而这些一定要建立在考生的自身特点和资源基础上来进行。

回答职业发展类问题应注意以下两点：

a. 目标要准确。在确定职业目标时，目标要准确。例如，我想在5年内成为公司BIM中心负责人，做与院校培养目标高度一致的人。

b. 目标可实现。要制定可以实现的目标，实现这样的目标需要做什么，克服哪些障碍，需要具备什么条件，而这些条件中，哪些是自己具备的，哪些是自己不具备的，这些目前不具备的条件该通过什么方式去获取。

【示例】

未来5年的职业目标：成为公司××项目负责人。

我将通过以下4点进行实现：

（1）通过学习公司健全的人才管理制度、项目管理制度等相关制度来提高自己的管理能力。

（2）通过对××等相关软件理论知识的系统学习，建立完整的××技术应用管理体系，将项目管理的经验与理论相结合。

（3）参加行业及全国某项目的交流活动及相关大赛，累计参赛经验及先进的技术管理方法。

（4）通过学习××院校的MEM课程，提升自己的管理能力和知识储备。

思考过程：

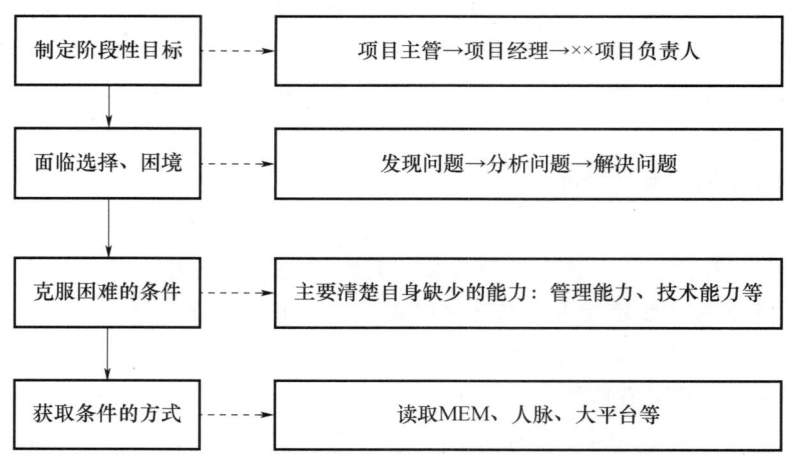

⑥专业知识类问题范例：

你选择了项目管理方向，那什么是项目管理？

对专业知识类问题，我们要清晰地知道项目管理的核心概念、组织结构。

• 项目管理的核心概念

项目管理是运用各种相关技能、方法与工具，为满足或超越项目有关各方对项目的要求与期望，所开展的各种计划、组织、领导、控制等方面的活动。

项目目标基本表现为 3 方面，即时间、成本、技术性能。实施项目的目的就是充分利用可获得的资源，使项目在一定时间内在一定的预算基础上，获得期望的技术成果。然而这 3 个目标之间往往存在一定的冲突。

当项目的 3 个基本目标发生冲突的时候，成功的项目管理者会在权衡之后采取适当的措施进行优选。当然项目目标的冲突不仅限于 3 个基本目标，有时项目的总体目标体系之间也会存在协调问题，都需要项目管理者根据目标的优先性进行权衡和选择。

- 项目管理的组织结构

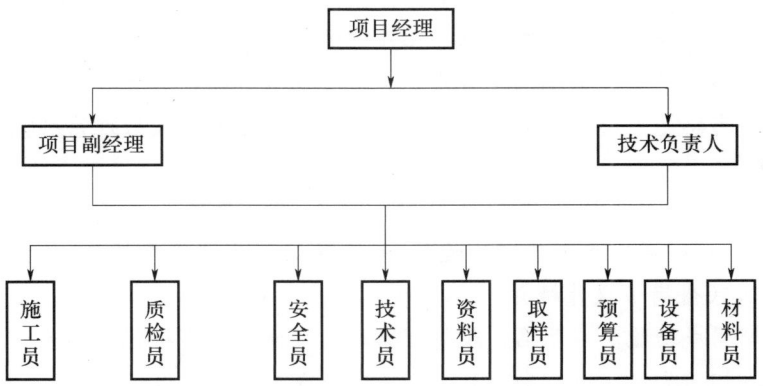

【回答思路】本类型题主要考查考生对专业知识的熟知度，是否对项目管理有一个详细的了解，所以在回答这类问题时，应先清楚什么是项目管理，项目管理的组织结构是什么，并使用专业术语进行回答。若结合实例，会加深院校教师对你的印象。

⑦**教育、职业背景问题范例：**

a. 可以解释一下你在学校学习成绩不佳的原因吗？

b. 你的大学母校前身叫什么名字？

c. 简历表上有一年的工作空白期，能解释一下这段时间你在做什么吗？

d. 描述一下自身参与过的项目。

e. 你在工作中遇到的最大挑战是什么？

f. 你的工作职责是什么？

【答题思路】

- 认真梳理个人经历

在面试中，考生在这类问题上要着重突出自己的教育背景、培训经历和职业背景，并进行有条理的讲述，自己的教育背景、培训经历是有别于他人的亮点，应向院校教师充分展示自身的优势。

【示例】

（1）在国内××项目中作为××负责人，负责××的设计、组织、协调等工作，最终××综合考核第一，赢得了标的。

（2）在国内××项目的试制过程中，我作为研制负责人，负责试制现场的组织、协调和产品质量控制及进度控制，最终较原计划研制周期压缩了35%，项目顺利完成定型转产，保证了次年首批11.6亿元产值顺利完成。

- 突出数字

在阐述自身教育、职业背景时应突出数字，用数字来说话，能够给院校教师留下更具体、更深刻的印象。如果考生是做市场工作的，可以用几组数字的对比来描述过去的成绩；如果考生是做研发工作的，可以展示研发成果及所取得的市场效益。在校经历也可以用数字来表达，如学习成绩排名全年级前三，获得国防科学技术进步奖三等奖等。人们往往对数字很敏感，故院校教师会被触动。

【示例】

我负责的××年均订单数量在××个。2017年采购金额近××万元。6年来，吸纳××家战略合作商，连续××年被评为"优秀员工""服务之星"，2016年再次获得岗位提升机会。

大学期间成绩稳居前两名，获得国家励志奖学金、省级优秀学生、省级优秀毕业生；我相信脚踏实地，勤奋且努力一定能成为学校骄傲的学子。

思考过程：

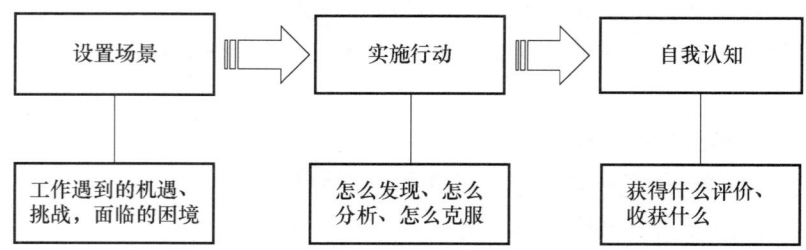

⑧管理能力问题范例：

a. 你认为一个成功的团队需要具备哪些要素？

b. 如果你是某项目负责人，你会如何安排某项目？

【答题思路】本类问题主要考查考生的管理能力，院校教师会询问考生对真实案例的看法，并要求考生进行分析。例如"如果你是某项目负责人，你会如何安排该项目？"这一问题，考查的是考生的综合分析能力。

考生若遇到上述问题，可采用点明观点、论证观点、联系实际的回答思路。

提出的观点类型有两种:
- **点明问题的本质。**
- **对问题进行价值判断。**

【示例】

如果你是某项目负责人,你会如何安排某项目?

(1) 了解成员的工作情况:一个任务分配下来后,项目经理应该知道工作的进展情况,那么他就必须去跟项目成员进行交流,了解这个成员的情况。所以他要得到的信息是"能不能按时并保质保量地完成?如果不能按时完成,需要什么样的帮助呢?"这是项目经理最关心的。

(2) 调整工作安排,合理利用资源:如果项目组中有几个或者几十个人的时候,就可能出现完成任务早晚的不同,完成早的不能闲着,完成晚的要拖后腿。

(3) 促进完善计划内容:项目人员多了,又要去跟踪,这就必然要求项目经理做出详细的计划。这个计划必须明确任务,明确任务的负责人,明确任务的开始和结束时间,明确结果的标准。

(4) 促进项目经理对人员的认识:工作分解后,应该按照个人的特长分配工作,因为特长与工作效率密切相关。所以项目经理必须了解项目成员的情况。即使在开始时不了解这种情况,这种信息在跟踪中也会被很快地体现出来。

(5) 促进对项目工作量的估计:在一个好的跟踪工具中应该有对工作量的估计。工作量的估计总是很不准确的,这个问题在跟踪中表现为完不成任务/计划,或者工作超前。

(6) 统计并了解项目总体进度:经常会遇到这种情况,项目组在同一时间进行不同阶段的工作。这时对工作进度的把握,尤其是总体进度的把握就比较困难。如果项目经理把阶段划分得很清楚,并且阶段工作量也很明确,项目成员也对自己的工作量进行评估的话,项目的总体进度可以由工具自动生成。

(二) 小组面试

1. 小组面试简介

小组面试俗称"群面",比较科学的说法叫作"无领导小组讨论"。它是评价中心技术中经常使用的一种测评技术,采用情景模拟的方式对考生进行集体面试。

它由一组应试者组成一个临时工作小组,讨论给定的问题,并做出决策,由于这个小组是临时拼凑的,并不指定谁是负责人,目的就在于考察应试者的表现,尤其是看谁会从中脱颖而出,成为自发的领导者。

小组面试的方式一般是由若干面试者组成一个小组,共同面对一个需要解决的问题，小组成员以讨论的方式，经过汇集各种观点，共同找出一个最合适的答案。

2. 小组面试的流程

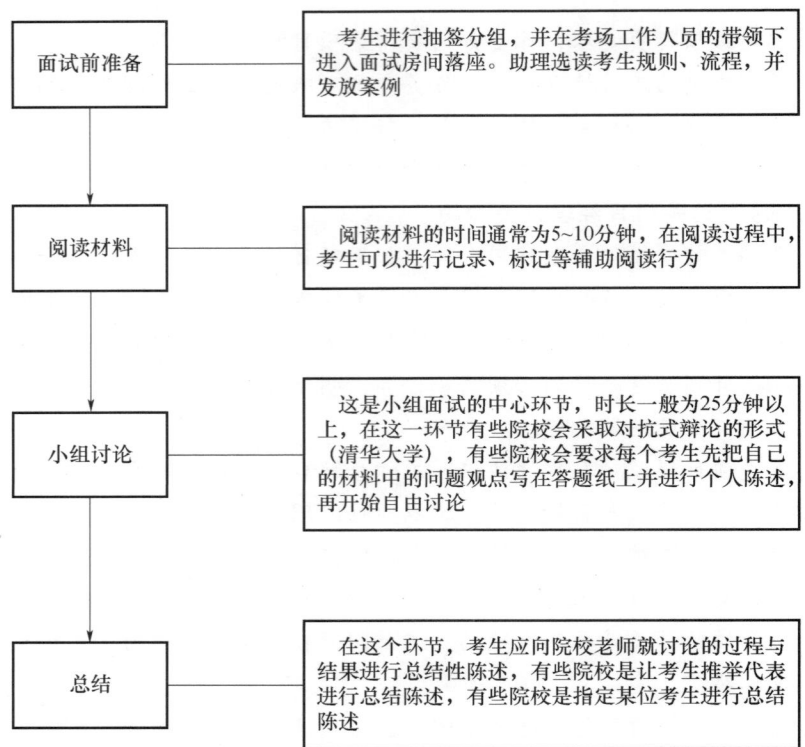

3. 小组面试涉及的题目内容

（1）一般院校会考查的题目。

◆ 开放式问题

其答案的范围可以很广、很宽，主要考查考生们思考问题是否全面、是否有针对性、思路是否清晰、是否有新的观点和见解。

【问题范例】

①工作类问题：

请跟我们分享一下你最成功的一段经历吧！

【答题思路】

• 必须有完整事例

附上完整事例的原因在于增加可信度，而我们不必把所有的细节一并报告，而是专门挑选那些可以凸显这个工作难度和凸显我们成绩很了不起的事例来进行叙述。

【示例】

我曾经在一个校内歌唱比赛中，单独负责拉赞助，在我接手任务的时候，组委会就只给我两个月时间，要找来10万元的赞助经费。在这两个月内，我找遍了学校所在城市里的二十多家大型和中型企业，最后成功和其中3家达成合作，总算凑齐了10万元赞助金。

- 展现自身特质

每一份工作都需要员工有独特的性格特质，这样会让面试官相信你有耐得住挫折的性格。

【示例】

紧接上述案例进行阐述。

在这个过程中，我先尝试电话接触了二十多家企业，一开始没有一家答应接见。我直接上门拜会了，很多时候我吃了闭门羹。最后答应合作的那几家，是在我接连上门几次，把我们的提案调整了好几次之后，才把合作谈下来。

- 收获成长

最后一定要阐述在这个曲折的过程中，自己得到了什么成长。让面试官相信，你是一个有学习能力、肯上进的人。

【示例】

"通过这一次拉赞助的经验，我学到最重要的心得是，与其我们一上来就降低姿态，求人给赞助，倒不如多想想我们能为赞助商带来什么实际的商业利益。想办法给对方带来实惠，比什么都重要。

②社会类问题：

如何看待花呗、京东白条等超前消费项目？

【答题思路】

- 阐述好处

【示例】

（1）通过超前消费可以带动新的消费热点，扩大市场需求；

（2）给人们动力和压力，激励人们更努力地工作去解决自己的负债问题，以满足自己的生活要求；

（3）国家政策。

- 阐述坏处

【示例】

（1）公众的价值观、人生观极度扭曲，甚至会产生极具破坏性的享乐主义和不切实际的浪费文化；

（2）会给消费贷款居民以超过心里承受能力的压力。

◆ 两难问题

两难问题让考生在两种互有利弊的答案中选择其中一种，主要考查考生分析能力、语言表达能力及说服力等。

【问题范例】

你认为应该重点发展私人轿车还是公共交通？

【答题思路】

- 分析第一种备选答案的好处和坏处

【示例】

1. 好处

（1）交通的便捷性：汽车让人们可以直接到达目的地，速度较合理，而且也比较舒适。

（2）提高了办事效率：本身可以用1小时才能到达目的地，但是有了私家车，只需要半个小时即可，大大提高了时间的利用率。

（3）拉动内需：催生了许多新的产业，带动了科技的革命。

2. 坏处

（1）造成空气污染：由于汽车尾气的排放，导致得呼吸疾病的人越来越多，尤其会损伤婴儿的脾肺。

（2）交通拥堵：车多，开车出行速度快的优势大打折扣；

（3）私家车增多使石油供小于求，石油价格居高不下。

- 分析第二种备选答案的好处和坏处

【示例】

1. 好处

①交通不易堵塞；②环保；③减少经济开支；④出游方便。

2. 坏处

（1）浪费时间：由于城市交通拥挤，在上下班高峰期，公交车到达目的地的时间延长，从而降低了时间的利用率。

（2）空气不好：公交车大多是封闭空间，人员又密集，天气炎热之时气味实在不佳，有呼吸道疾病者实在不适宜坐公交车，以免影响他人健康。

- 总结阐述

公共交通和私家车都有好处与坏处，公共交通与私家车缺一不可，要共同发展。

◆ 多项选择问题

多项选择问题是让考生在多种备选答案中选择其中有效的几种或对备选答案的重要性进行排序，主要考查考生分析问题、抓住问题本质等各方面的能力。此种类型的题目对评价者来说，出题难度较大，但有利于考查考生各个方面的能力和人格特点。

【问题范例】

北京冬奥会招募志愿者，你认为志愿者最重要的 3 个品质是什么？

A. 身体素质好　　　　　　　　　　B. 服从组织安排

C. 有很强应变能力　　　　　　　　D. 有团队精神

E. 有奉献精神

【答题思路】

拿上面的问题范例做一个说明：

①知道奥运会的志愿者需要具备哪些条件；

②了解这些条件与志愿者这个岗位有什么关系；

③最后结合这两点来选择判断。

（2）特殊院校的小组面试考核。

- **团队对抗（以清华大学为例）**

①辩论程序：

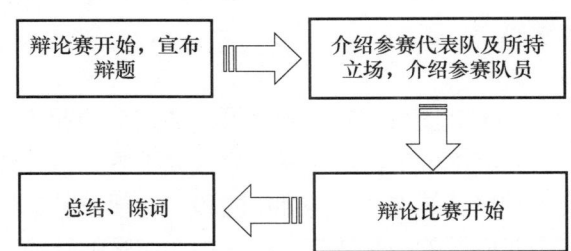

注：辩论赛程序由辩论会主席执行。

②细则：

时间提示：每个人定时 1 分钟左右发言。

陈词：提倡即兴陈词，引经据典恰当。

立论：立论要求逻辑清晰，言简意赅。

③攻辩：

攻辩由正方二辩开始，正反方交替进行。

正反方二、三辩参加攻辩。

攻辩双方必须正面回答对方问题，提问和回答都要简洁明确。重复提问和回避问题均要被扣分。每一轮攻辩,攻辩角色不得互换,辩方不得反问,攻方也不得回答问题。

正反方选手站立完成第一轮攻辩阶段,攻辩双方任意一方落座视为完成本方攻辩,对方选手在限时内任意发挥(陈词或继续发问)。

每一轮攻辩阶段为1分45秒,攻方每次提问不得超过10秒,每轮必须提出3个以上的问题。辩方每次回答不得超过20秒。用时满时,以钟声终止发言,若攻辩双方尚未完成提问或回答,不作扣分处理。

四轮攻辩阶段完毕,先由正方一辩再由反方一辩为本队作攻辩小结,限时1分30秒。正反双方的攻辩小结要针对攻辩阶段的态势和涉及的内容,严禁脱离比赛实际状况的背稿。

④自由辩论:这一阶段,正反方辩手自动轮流发言。发言辩手落座既为发言结束,又为另一方发言开始的计时标志,另一辩手必须紧接着发言;若有间隙,累计时照常进行。同一方辩手的发言次序不限。如果一方时间已经用完,另一方可以继续发言,也可向主席示意放弃发言。自由辩论提倡积极交锋,对重要问题回避交锋两次以上的一方扣分,对对方已经明确回答的问题仍然纠缠不放的,适当扣分。

⑤结辩:辩论双方应针对辩论会整体态势进行总结、陈词;脱离实际、背诵事先准备的稿件,适当扣分。

⑥评选:根据所有辩手的表现,评选出最佳辩手。最佳辩手的要求:自信大声,有感情,能言善辩。

【问题范例】

【问题1】背景:随着我国城市的不断发展,道路交通拥堵已经成为困扰城市发展的一大难题,并给老百姓的日常生活带来极大不便。有关部门希望通过收取"交通拥堵费"(交通拥堵费是指在交通拥挤时段,对部分区域道路使用者收取一定的费用)来提高中心城区的用车成本、缓解中心城区的交通压力。那么,收取道路拥堵费能解决城市道路交通拥堵问题吗?

正方:收取交通拥堵费的措施一旦实施,随着用车成本的提高,城市道路的车流量肯定会降低,将大大改善城市的道路交通环境、缓解城市交通拥挤,从而提高整个城市交通的运营效率。

反方:既然车主都能花几十万元、几百万元买车,也无所谓拥堵费这点小钱了吧。住得远还是要开车,所以只是增加了生活成本,没什么用。再说了,现在城市里汽车出行限号都解决不了交通拥堵问题,收费肯定也解决不了这个问题。

【问题2】背景:10年来,房地产业一直是国民经济重要支柱产业,未来10年房地产业也会是国民经济的支柱产业之一。

正方：未来 10 年，房价依旧会持续上升。

反方：未来 10 年，除北上广深一线城市外，房价将持续下降。

【问题 3】背景：2019 年，河北一名叫王心仪的女孩火了！不仅是因为她以 707 分的高分被北大中文系录取，还因为她写下了《感谢贫穷》这封信。那么，我们应不应该感谢贫穷呢？在这封信中，她写道："感谢贫穷，你赋予我生生不息的希望与永不低头的气量。"

正方：感谢贫穷没错，因为贫穷可以培养一个人艰苦朴素的习惯，贫穷可以让一个人磨练出坚韧不拔的意志。

反方：我们的目标是消灭贫穷，而不应感谢贫穷，因为赞美穷和我们追求共同富裕的理想背道而驰。

【问题 4】背景：高铁是中国在全球展示中国经济发展的一张靓丽的名片，但是中国高铁出海一直遭遇各种阻击，特别是许多已经开始的项目也出现了中断或终止。那么，中国高铁应不应该出海呢？

正方：中国高铁应进一步加大市场推广力度，尽早让"高铁出海"得到回报和效益。

反方：中国高铁的快速发展得益于中国庞大的市场和政府支持，但其他国家目前条件尚不具备，中国高铁出海应"戒急用缓"。

【答题思路】

①追加前提：在对抗中，如果考生觉得抽到的辩题对己方不利，可以认真地审视一下辩题的内涵是否明确，外延是否过大。如果是这样，可以运用"追加前提"的办法缩小外延、丰富内涵，从而使己方立论坚实，为对抗辩论的胜利创造条件。

②展示背景：在对抗中，有些辩题如果仅仅就事论事，从局部来看，某一方似乎无理可辩。如果处于不利地位的一方把辩题放在更大的范围来解读，通过展示辩题所涉及的背景，高屋建瓴地破题，可以占领制高点，从而获得主动权。

③辩证阐释：考生要善于对辩题做辩证性思考，从事物对立统一的辨证关系的角度来破题，对辩题进行辩证阐释，透过现象看本质，见解更为精辟，立论高人一等。

④论据支撑论点：提出论据让你的观点更加具有可信度，需要一些论据来证实，例如事实论据、数据论据。

（三）英语面试

1. 自我介绍

在提前面试与复试的自我介绍中，教师不仅会考核考生的基本情况与专业素养，还会考核考生的英语口语水平，关注考生的逻辑思维能力、表达能力、性格、人品等。

英语自我介绍侧重的是说和表达，更注重考查考生能否在短时间内有逻辑、有内涵、有重点地表达自己的优势。这不仅关乎考生已有优势的体现，更是考生逻辑思维能力的体现。所以考生在准备英文自我介绍内容时，要注意全面梳理自己的优势，在表达的时候有所侧重。

很多考生会纠结于到底会不会有英文的自我介绍，但一般来说，还是建议各位考生做好万全准备。首先自我介绍环节是一定有的，至于是英语还是汉语，需要参考院校的具体考查方式，这在前面的院校介绍中都有提到。

关于英文的自我介绍，需注意以下几点：

◆ 开头语

开头语较为简单，一般就是一个简单的问候，其中注意与面试教师打招呼。

【万能模板】

（1）Good morning,dear distinguished（尊敬的）professors.

（2）Good morning,I'm glad to（我很高兴）be here for this interview.

（3）Dear professors,I'm so glad to meet all of you here.

（4）Dear distinguished professors,it is really my honor to（我的荣幸）have this opportunity for the interview.

（5）I hope I can make a good performance（有一个好的表现）today.

◆ 基本信息

考生的基本信息包括姓名、毕业院校、所学专业。这部分信息不是自我介绍的重点，考生在介绍该部分信息时，院校教师一般都在浏览考生的个人简历，故这部分考生按部就班地介绍即可。

【万能模板】

（1）姓名：

My name is...

I'm...

（2）年龄：

年龄可说可不说，可以跟在姓名后带过（I am ×××, 25 years old），也可以加上家乡和家庭的介绍。

（3）院校：

I graduated from（毕业于）...

I'm form（我来自）...
（4）专业：
My major（我的专业）is...
major in（主修）...
specialize in（专攻、擅长）...

> 注：在备考过程中，考生要熟知自己专业的英文名称。

【回答范例】

My name is ××× and I am 27 years old. I come from ×× and now I live in ××. I graduated from ×× in June 2013. I majored in ××.

我叫×××，今年 27 岁。我来自××，现在住在××。我于 2013 年 6 月毕业于××。我的专业是××。

◆ 家庭

家庭这一问题看似并非重点，但有些院校教师也会对考生进行询问，可能问到的问题如下：

Can you introduce your family？（你能介绍一下你的家庭吗？）
What do your family members do for a living？（你的家庭成员是做什么的？）

【答题思路】

家庭相关问题，重点展示家人（尤其是父母）在某些方面（性格培养、为人处世等）对自己产生了深远的影响，树立了榜样。

【回答范例】

There are three members in my family: my parents and me.
My father is an engineer, he is fifty years old. He was busy with his work, but he kept reading books to enrich his knowledge, which affects me a lot.

我家有三口人：我的父母和我。
我的父亲是一名工程师，他 50 岁。他工作很忙，但他不断读书来丰富自己的知识，这对我影响很大。

◆ 学业情况

在这里需要考生侧重地将自己大学期间的个人专业成绩、资格证书考试、自学情况、参与过的课题（projects）、发表过的论文（thesis）等能体现自己学术实力方面有层次地展现出来，注意采用数据化的表达形式。

在一部分院校，教师可能问到的问题如下：

Why do you choose this major to further your study？（你为什么选择这个专业

继续深造？）

What are your views on the prospect of this major？（你对这个专业的前景有什么看法？）

Have you ever done any projects about your major？（你曾做过与你专业相关的项目吗？）

◆ 专业

对考生大学所学的专业，教师可能问到以下问题：

Can you briefly talk about your understandings of the major？（你能简要谈谈你对这个专业的理解吗？）

【答题思路】

专业认知要有一定的深度，重点在于：该专业目前的发展情况（国内外）；报考院校该专业的发展情况；该专业未来的发展前景或者存在哪些局限性。

【回答范例】

The major of energy and power engineering includes the theory and technology of energy conversion and effective utilization, energy comprehensive utilization and energy saving, refrigeration and heating system, thermal power plant and other engineering aspects of planning and design, construction installation, operation management and related equipment production and development of senior engineering technology and management talents.

This major includes power plant thermal energy and power, urban municipal thermal energy and power engineering (refrigeration and heating) two professional directions. With the continuous development of nuclear technology and nuclear industry in China and the increasing investment of the state in the field of nuclear technology, high-quality nuclear science and technology talents are urgently needed to be supplemented to relevant units.

能源与动力工程专业包括能量转换及有效利用的理论与技术、能源综合利用及节能、制冷及供热系统、热电厂等工程方面规划设计、施工安装、运行管理及相关设备生产开发的高级工程技术及管理人才。

本专业含电厂热能动力、城镇市政热能与动力工程（制冷与供热）两个专业方向。随着我国核技术及核产业的不断发展和国家对核技术领域投入的不断加大，迫切需要高素质的核科学技术人才补充到相关单位。

◆ 工作经历

这一部分是院校教师最关心的部分，教师可通过该部分了解到考生在工作上的表现及工作上有什么突出的业绩，从而判断考生是否符合院校的招生标准。

想把这部分准备好，考生可通过尝试回答以下 3 个问题：

(1) What's your job？（你是做什么工作的？）

work for/in...（工作，后面跟公司）

as a...（作为……，在……工作）

mainly responsible for...（主要负责）

【回答范例】

I'm working for a small private company as a technical support engineer in ×× city, I am mainly responsible for technology development.

我在 ×× 市一家小型私营公司做技术支持工程师，主要负责技术开发。

(2) Can you tell me something about your work experience？（你能告诉我一些关于你工作的经历吗？）这里可着重说一下工作表现：

rewarded with（获得）+ 奖项

honored with（授予）

【回答范例】

I was rewarded with a prize named ×× as a new staff. Since then, I was honored with ×× and was selected as...

作为新员工，我获得了 ×× 奖励。从那时起，我获得了 ×× 荣誉，并被选为……

(3) What have you learned from the jobs？（你从这些工作中学到了什么？）

◆ 未来规划

这一部分考生可以结合自己的报考意愿进行介绍，可以酌情在自我介绍中展现自己对未来的规划，而且面试官也很喜欢问这样的问题，他们很注重考生在院校学习阶段的自我学习能力和自我驱动力。

这一部分可以这样展开来回答：

The reason for my choice is that...（我选择的原因是……）

By learning MEM course of ×× School, I can improve my management ability and knowledge reserve ability.（万能句）

通过学习 ×× 学院的 MEM 课程，可以提高自己的管理能力和知识储备能力。

注：报考原因是院校教师必问的问题，考生需谨慎回答。

◆ 兴趣爱好

兴趣爱好这一部分的内容出现的位置比较随意，通常可以放在开头，也可以放在结尾。面试的自我介绍时间比较短，所以建议考生将该部分放在结尾进行简单的描述。考生可以在这一部分列出一些有关旅游、运动、阅读或其他个人兴趣爱好的内容，但是不建议啰唆。考生在描述的时候最好能与自身的工作联系，应该尽量体现这些兴趣爱好对自己在学习和工作上的帮助，切勿说一些让院校教师反感的话，如 "don't have any hobbies" "play computer games" 等。

【万能模板】

（1）I am interested in...

（2）My hobby is...

（3）×× can train my logical thinking ability and language expression ability（××可以锻炼我的思维逻辑能力与语言表达能力）

【回答范例】

My favorite hobby is reading books, especially history books, which can exercise my logical thinking ability and language expression ability. When I was in charge of ×× project, reading was of great significance to me. How to overcome difficulties and build a better team... These questions are often answered in books.

我最喜欢的爱好是看书，尤其是历史书，可以锻炼我的逻辑思维能力和语言表达能力。在我负责××项目期间，阅读对我来说意义重大。如何克服困难，建立一个更好的团队……这些问题在书中都有答案。

◆ 性格与能力

在自我介绍中，考生可以着重强调一下自己的性格特点，例如细心（careful）、条理清晰（clearly and logically）、踏实能干（earnest）、责任心强（have a strong sense of responsibility）、诚实（honest）、做事效率高（efficient），也可以在这里强调一下自己的工作业绩。

【回答范例】

（1）Good people management and communication skills.（良好的人员管理和交际能力。）

（2）Have positive work attitude and be willing and able to work diligently without supervision.（有积极的工作态度，愿意和能够在没有监督的情况下勤奋地工作。）

（3）Ability to work independently, mature and resourceful.（能够独立工作、思

想成熟、应变能力强。)

(4) I enjoy good relationships with my colleagues. (我和同事相处融洽。)

(5) Mature, self-motivated and strong interpersonal skills. (思想成熟、上进心强，并具极丰富的人际关系技巧。)

(6) Strong determination to succeed. (有获得成功的坚定决心。)

!注：在介绍自身性格特点时，考生需用实例说明该性格特点，例如：有良好的人员管理能力和交际能力，体现在××方面。

【形容积极性格的单词】

optimistic 乐观
dependable 可靠的
disciplined 守纪律的
energetic 精力充沛的
articulate 善于表达
faithful 守信的，忠诚的
frank 直率的，真诚的
genteel 有教养的
methodical 有方法的
modest 谦虚的
objective 客观的
precise 一丝不苟的
punctual 严守时刻的
realistic 实事求是的
responsible 负责的
sensible 明白事理的
adaptable 适应性强的
adroit 灵巧的，机敏的
aggressive 有进取心的
analytical 善于分析的

creative 富创造力的
active 活泼的
adaptable 适应性强的
audacious 大胆的，有冒险精神的
careful 仔细的
candid 正直的
competent 能胜任的
gentle 有礼貌的
humorous 幽默的
impartial 公正的
independent 有主见的，独立的
industrious 勤奋的
ingenious 有独创性的
intelligent 理解力强的
logical 条理分明的
porting 光明正大的
steady 踏实的
systematic 有系统的
purposeful 意志坚强的

◆ 优点与缺点

在问答环节，有些院校老师会通过询问考生的优缺点来考察其自我认知能力，在这一方面，老师可能会问到以下问题：

What is your greatest strength? (你最大的优点是什么？)

What is your greatest weakness? (你最大的缺点是什么？)

Please describe your greatest strengths and weaknesses.（请描述你最大的优点和缺点。）

【回答范例】

(1) advantages（优点）：

① Good at thinking and execution.（善于思考和执行。）

② Good at planning, strong innovation.（善于策划，创新能力强。）

③ Willing to communicate, have a big picture.（愿意沟通，有大局。）

(2) weakness（缺点）：

In the management of the project, I found that my theoretical knowledge of management was insufficient, so I still needed to further strengthen the system construction of management knowledge. In the future, I still need to keep learning to broaden the breadth and breadth of my knowledge.

在项目管理中，我发现自己的管理理论知识不足，还需要进一步加强管理知识的体系建设。在未来，我仍然需要不断学习，以扩大我的知识的广度和广度。

◆ 结束语

在自我介绍结束时，请考生务必表达出对就读目标院校的强烈意愿，并给出一个明确的结束信号。

【万能模板】

I would be very honored if you could grant me the opportunity to study in this university.That is all about me.Thank you！（如果您能给我在贵校学习的机会，我将感到非常荣幸。这就是关于我的一切。谢谢！）

由于考生紧张，可能出现没有听清楚问题的情况，这时千万不要不好意思承认，对没有听清楚的问题一定要勇于承认错误，避免弄巧成拙。具体可参照以下表述：

Sorry,I don't catch/follow your meaning.Pardon,please.（对不起，我不明白您的意思，请再说一遍。）

Let me put it another way.You mean that...（让我换一种说法，您的意思是……）

That is not exactly what I mean./You konw,that is what I think.（我不是这个意思。/您知道，我就是这么想的。）

Yes that's ture,but...（是的，这是真正的，但是……）

2. 回答技巧

(1) 语言寒暄／礼貌用语

Good morning,dear preffessors,glad to meet you here！（早上好，亲爱的教授，很高兴在这里见到您。）

I'm glad/pleased to meet you.（我很高兴在这里见到您。）

It's a pleasure to meet you.（见到您很高兴。）

（2）结束语表达

That's very kind of you.Thank you.（你真是太好了。谢谢您。）

Thank you very much for giving me this chance.（非常感谢您给我这次机会。）

Thank you,sir.（谢谢您，先生。）

I enjoyed talking to you.（我很高兴和您谈话。）

（3）化解尴尬。

①对考官所问问题似懂非懂时核实对考官所提问题的理解是否正确。

Do you mean....？（您的意思是……？）

I'm sorry if I'm being a little slow,but...（如果我说得慢，我很抱歉，但是……）

I'm sorry,I'm not sure I understand.Do you mean that...？（对不起，我不能确定我明白了。您是说……）

Sorry I don't quite catch you.You mean...（对不起，我不太明白您的意思。您的意思是……）

②对考官所提问题完全不懂。

Could you please rephrase that question？（您能把那个问题换个说法吗？）

I'm sorry, can you say that again？（对不起，您能再说一遍吗？）

（4）描述事件。

①喜欢某件事情：

I have a fancy for...（我喜欢……）

I'm crazy about...（我非常喜欢……）

There's nothing I enjoy more than...（我最喜欢的莫过于……）

②对未来的打算：

I don't know if I will...but I might be able to...（我不知道我是否会……但我也许可以……）

I feel inclined to...（我倾向于……）

③举例说明：

Let me give you an example.（让我来给您举个例子。）

An example of this would be...（一个例子是……）

...such as...（……比如……）

④描述过程：

First,you need to...（第一步，你需要……）

The first step is to...（第一步是……）

Next,you should... （接下来，你应该……）
After that,you should... （在那之后，你应该……）
The last thing you need to do is... （你需要做的最后一件事是……）
（5）连接词：
Well...
Actually... （事实上……）
In fact... （事实上……）
Just give me a few seconds.... （给我几秒钟……）

第三节　面试材料

一、基本材料

考生一般需准备的申请材料如下：

★ 按要求填写完备的材料文书。

★ 身份证复印件。

★ 学历、学位证书复印件。

★ 大学或研究生期间成绩单原件。

★ 学历认证报告和学籍认证报告原件。

★ 推荐信。

当前／最后一份工作单位组织结构图并标注自己所处位置。

正式发表的论文、专利证书、获奖证书等能力水平证明材料。

⚠ 注：知名院校报考人数多，材料文书筛选率非常高，通过材料评审环节，才能晋级后续的面试环节。所以准备一份好的个人申请文书的重要性不言而喻，无论考生的学历背景和工作背景如何，都需要格外重视。

⚠ 注：标★部分必须提交。

二、其他材料

在申请时，除了需要准备个人简历、自述短文、推荐信外，院校往往还要求考生提供一些证明材料。只有按时提交申请材料，才有可能通过院校的审核，获得面试资格，一旦超过院校规定的时间，便无法参加提前面试。相关材料请参考附录。

第四节　MEM 素材积累

一、历年案例真题

案例一　2020 年无人机现状分析，市场前景可期

1. 工业无人机受重视

早在 2015 年中国（深圳）国际无人系统技术成果交易展览会即尖兵之翼——第六届中国无人机大会暨展览会上，同时也是第十七届高交会无人系统分会召开时，中国无人系统产业联盟（始于 2014 年）把无人机分为消费级、工业级和军用级。时至今日，这种分类已经成为默认的标准。

在 2017 年军民融合时代大背景下，中国无人系统产业联盟秘书长孙柏原曾表示"在军民融合大背景下，工业级无人机必将迎来发展的春天"。目前，我国工业级无人机正在迅速发展，其增长空间远超消费级无人机，是无人机行业发展的重点之一。

尤其在此次新冠肺炎疫情期间，工业级无人机作为防控一线的"武器"，充分发挥了其延伸出的各种功能，在各行业各领域起到了奇效！

2. 工业级无人机与其他无人机的对比

（1）工业级无人机与消费级无人机的对比。从产品定位和发展方向上看，消费级无人机更为注重用户体验，如功能多样性、操作便利性；工业级无人机则以满足作业任务为目标，根据不同用途在续航时间、载重量和作业半径等性能方面有更高要求。工业级无人机与消费级无人机的区别和分析见下表。

区别	类别	具体分析
搭载设备	消费级无人机	一般来说，消费级无人机上搭载最多的就是相机、摄像头一类拍摄设备。根据需要会配有云台和图传电台
	工业级无人机	工业级无人机一般会根据行业需求搭载各种专业探测设备，如热红外相机、高光谱相机、激光雷达、大气探测器等
客户群体	消费级无人机	大多针对普通消费者或航拍爱好者，强调飞机的便携性和易操作性，用户通常对售价敏感
	工业级无人机	主要面向行业用户优化定制生产，强调解决方案的整体性，由于多为定制生产，产量一般不大，售价普遍较高
用途	消费级无人机	主要作用是满足消费者的娱乐需求。因此消费级无人机大多作为飞行的相机在使用。使用时要求上手难度尽量低，使用频率和场合跟传统的航模类似
	工业级无人机	主要服务于各行各业的日常工作，作为一种高效便捷的辅助手段来替代原有工具

(2) 工业级无人机与军用级无人机的对比。早期的无人机主要应用于军事领域，在越南战争、伊拉克战争等局部战争中都曾见无人机的身影，如美国的"全球鹰""捕食者"等均被军迷朋友们所熟知。此类无人机往往体积庞大、成本高昂。而近年来，随着军用级无人机向民用级领域的开放，国内众多军用级无人机制造商开始寻求无人机与各行各业的结合之路，工业级无人机的应用也走上日程。工业级无人机与军用无人机的区别和分析见下表。

区别	类别	具体分析
性能指标	军用级无人机	属于国防高尖端航天工具，其对技术性能的要求比较高，如续航时间需在数小时，有些甚至要达到一天以上，而且具有极高的保密性
	工业级无人机	对续航时间也有较高的要求，但相较于军用无人机的续航时间则少得多
载重量	军用级无人机	一般来说，随着军用无人机用途的不断拓展，其载重量也在不断增加，载重数公斤或数十公斤
	工业级无人机	随着行业不同或者任务不同会相应增加或减少载重量，但总载重量一般在几公斤
客户群体	军用级无人机	客户一般为武警、公安及军队系统主体
	工业级无人机	主要面向行业客户
用途	军用级无人机	主要作用是侦查、供给或者作为靶机
	工业级无人机	应用领域逐渐扩大，已在农业植保、管道巡检、气象预警及诸多领域得到了较好的应用

3. 行业技术研发活跃

(1) 工业级无人机专利申请情况。SooPat 数据显示，截至 2019 年年底，我国工业级无人机专利申请量为 6320 项。2009 年之前，我国工业级无人机专利申请量较少。2011 年开始，我国工业级无人机专利申请量迅速增加，2017 年，我国工业级无人机专利申请量为 1702 项，是近年来我国工业级无人机专利申请量最多的年份。2019 年我国工业级无人机专利申请量为 783 项。

(2) 工业级无人机专利公开情况。SooPat 数据显示，截至 2019 年年底，我国工业级无人机专利公开量为 6191 项。2010 年之前，我国工业级无人机专利公开量较少，2012 年开始，我国工业级无人机专利公开量迅速增加。2018 年，我国工业级无人机专利公开量为 1882 项，是近年来我国工业级无人机专利公开量最多的年份。2019 年我国工业级无人机专利公开量为 1815 项。

(3) 西北工业大学专利申请量最多。截至 2019 年年底，我国工业级无人机行业专利申请人排在第一位的是西北工业大学，累计申请专利数量为 476 项；排在第二位的是广东容祺智能科技有限公司，申请专利数量为 323 项。有 7 个申请人累计专利申请量超过 100 项。截至 2019 年年底，我国工业级无人机前 10 名申请人见下表。

序号	申请人	专利数（项）
1	西北工业大学	476
2	广东容祺智能科技有限公司	323
3	西安爱生技术集团公司	156
4	广东工业大学	141
5	深圳市科比特航空科技有限公司	126
6	合肥工业大学	114
7	哈尔滨工业大学	108
8	彩虹无人机科技有限公司	95
9	中国航空工业集团公司沈阳飞机设计研究所	91
10	浙江工业大学	76

（4）工业级无人机专利技术构成情况。从工业级无人机的专利构成来看，截至 2019 年年底，我国工业级无人机行业专利技术排在第一位的是 B64（飞行器；航空；宇宙航行），累计申请专利数量为 2958 项，占比为 39.0%；其次是 G05（控制；调节），申请专利数量 953 项，占比为 12.6%。申请量排名前 20 的专利数量占专利总数的 94.49%。

截至 2019 年年底我国工业无人机专利技术构成情况如下图所示。

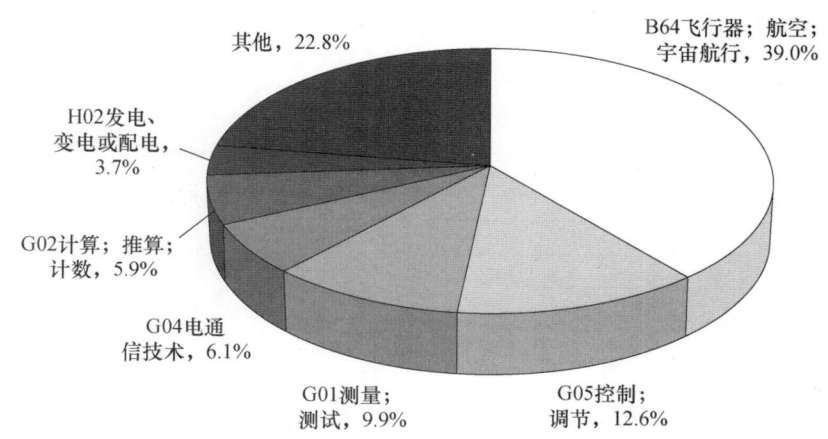

4. 工业级无人机应用场景广泛

目前，工业级无人机的主要应用领域包括电力巡检、应急救援、航空摄影、水利应用、农药喷洒、航空测绘、国土资源、旅游业、管线巡查、医疗业、海事监察、农业林业、物流运输、交通管制、气象监测、反恐防暴等。随着工业级无人机技术水平的不断提升，各行各业对无人机应用需求的提升，工业级无人机应用领域将更加深化、细化，应用领域将不断扩大。

5. 工业级无人机行业规模快速扩张

目前，我国工业级无人机应用较多的领域为农业植保，应用占比高达42%；其次是电力巡检领域，占比为17%；消防领域、物流领域、测绘领域以及建筑领域等占比为14%、12%、6%和5%。2019年中国工业级无人机行业市场结构如下图所示。

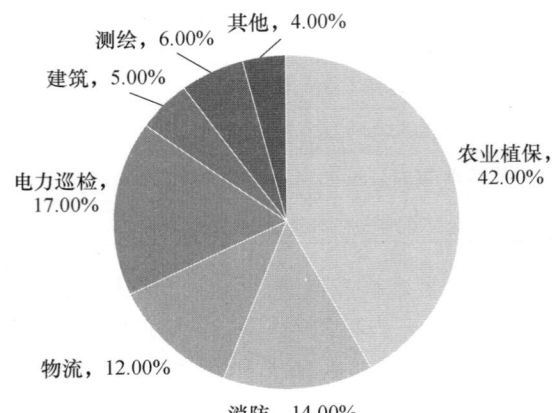

6. 巨大市场潜力吸引多方投资入局

目前，我国工业级无人机的深入开发仍在进行，行业未来将迎来爆发式增长，市场潜力巨大，预计到2025年行业的规模将接近450亿元，平均增速将在30%左右，见下图。

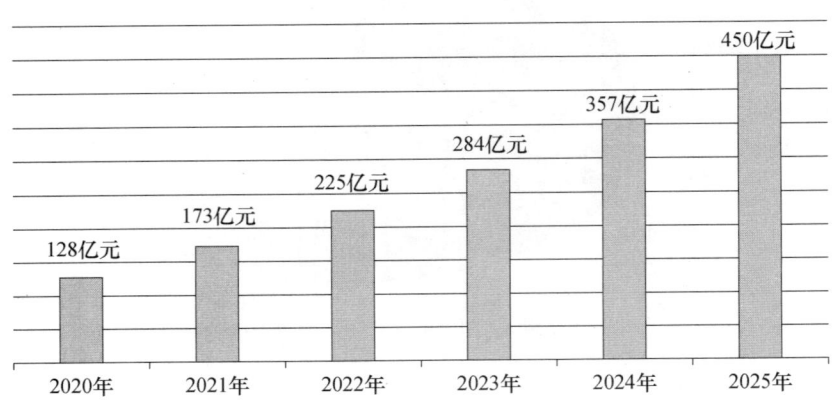

巨大的市场潜力吸引众多投资者参与其中，目前，我国工业级无人机行业投资仍以风险投资为主，其次是股权收购和并购方式。

案例二　工业互联网和工业物联网的区别

1. 工业互联网的含义

工业互联网很容易被别人理解成工业的互联网，其实，工业互联网是指工业互联的网。

在企业内部，要实现工业设备（生产设备、物流装备、能源计量、质量检验、车辆等）、信息系统、业务流程、企业的产品与服务、人员之间的互联，实现企业 IT 网络与工控网络的互联，实现从车间到决策层的纵向互联。

在企业间，要实现上下游企业（供应商、经销商、客户、合作伙伴）之间的横向互联；从产品生命周期的维度看，要实现产品从设计、制造到服役，再到报废回收再利用整个生命周期的互联。这实际上与工业 4.0 提出的 3 个集成的内涵是相通的。

工业互联网未来更多的是关注在设计、研发、制造、营销和服务等方面，通过充分的融合，来提高整个工业系统和运行效率。工业互联网最重要的是实现企业信息的数字化。

2. 工业物联网的含义

工业物联网可以定义为"机器、计算机和人员使用业务转型所取得的先进的数据分析成果来实现智能化的工业操作"。

在这个工业 4.0 或者"工业互联网"的大背景下，工业物联网成为数字化转型中心舞台的一部分。数据是相关产品中的关键资产和生产资料，且在全球连接的产品（在整个生命周期中）的应用分析中是必不可少的功能。

工业物联网是物联网中最大的和最重要的组成部分，虽然从支出的角度来看现在消费者应用是物联网最大的应用领域，而工业物联网的应用主要是从 2018 年开始的，尽管如此，工业物联网在整个物联网的应用中变得更加重要和先进。

3. 工业互联网与工业物联网的关系

工业物联网指的是物联网在工业的应用。工业互联网涵盖了工业物联网，再进一步延伸到企业的信息系统、业务流程和人员。

工业互联网的概念实际上与国外提出的万物互联（将人、流程、数据和事物结合一起，使网络连接变得更加相关，更有价值）理念有相似之处，相当于工业企业的万物互联。

4. 工业互联网现实的应用场景

我国工业互联网产业联盟的白皮书认为工业互联网平台当下主要的应用场景

为 4 个：

- 面向工业现场的生产过程优化。
- 面向企业运营的管理决策优化。
- 面向社会化生产的资源优化配置与协同。
- 面向产品生命周期的管理与服务优化。

5. 工业物联网现实的应用场景

物联网数字产业真正颠覆的是农业、城市基础设施、医疗保健，将在以下几个方面持续拓展：

- 水务行业解决方案。
- 石油和天然气行业赋能。
- 运输智能跟踪。
- 医疗行业业务模式优化。
- 采矿行业监控工作流程。
- 酒店物联网服务和产品体验增值。

目前，我国的制造业正在推动和转型，而工业互联网和工业物联网都很重要，但实际上还有很长的路要走，在安全性问题、技术基础、实际需求等方面都要进行探讨和优化。

案例三 互联网金融模式

互联网金融持续火爆的今天，为了对互联网金融的模式做一个清晰的界定，软交所互联网金融实验室从 2012 年开始，通过持续对互联网金融领域企业进行调研走访，深度解析互联网金融相关资讯，并对互联网金融创新产品、现象进行认真研究，最终系统梳理出了第三方支付、P2P 网贷、大数据金融、众筹、信息化金融机构、互联网金融门户六大互联网金融模式。下面主要介绍前 4 种模式。

1. 第三方支付

第三方支付狭义上是指具备一定实力和信誉保障的非银行机构，借助通信、计算机和信息安全技术，采用与各大银行签约的方式，在用户与银行支付结算系统间建立连接的电子支付模式。

根据央行 2010 年在《非金融机构支付服务管理办法》中给出的非金融机构支付服务的定义，从广义上讲，第三方支付是指非金融机构作为收、付款人的支付中介所提供的网络支付、预付卡、银行卡收单及中国人民银行确定的其他支付服务。第三方支付已不仅局限于最初的互联网支付，而是成为线上线下全面覆盖、应用场景更为丰富的综合支付工具。

自 2011 年到 2013 年 7 月，央行已发放 250 张第三方支付牌照。目前，除了大家熟知的中国银联和支付宝，具有代表性的第三方支付机构还有财付通、快钱支付、易宝支付、汇付天下等。而从发展路径与用户积累途径来看，市场上第三方支付公司的运营模式可以归为两大类：一类是以支付宝、财付通为首的依托于自有 B2C、C2C 电子商务网站，提供担保功能的第三方支付模式；另一类就是以快钱为典型代表的独立第三方支付模式。

2. P2P 网贷

P2P 网贷英文称为 Peer-to-Peerlending，即点对点信贷，国内又称"人人贷"。P2P 网贷是指通过 P2P 公司搭建的第三方互联网平台进行资金借、贷双方的匹配，是一种"个人对个人"的直接信贷模式，即由具有资质的网站（第三方公司）作为中介平台，借款人在平台发放借款标，投资者进行竞标向借款人放贷的行为。网络借贷指的是借贷过程中，资料与资金、合同、手续等全部通过网络实现，它是随着互联网的发展和民间借贷的兴起而发展起来的一种新的金融模式，这也是未来金融服务的发展趋势之一。据网贷之家估算，截至 2013 年 9 月，P2P 网贷平台数量约为 500 家。2013 年 9 月以来，新增平台的上线速度达到每天 3~4 家。

可以从 3 个角度来分析我国的 P2P 网贷平台。根据借贷流程的不同，P2P 网贷可以分为纯平台模式和债权转让模式两种。在纯平台模式中，借贷双方借贷关系通过双方在平台上直接接触，一次性投标达成；而在债权转让模式中，则通过平台上的专业放贷人介入借贷关系之中。根据用户开发、信用审核、合同签订到贷款催收等整个业务流程对互联网的运用程度，P2P 网贷平台的运营模式也可以分为纯线上模式和线上线下相结合模式。根据是否提供担保，P2P 网贷平台分为无担保模式和有担保模式，有担保模式又包含第三方担保模式和平台自身担保模式两类。

3. 大数据金融

大数据金融是指依托于海量、非结构化的数据，通过互联网、云计算等信息化方式对其数据进行专业化的挖掘和分析，并与传统金融服务相结合，创新忦开展相关资金融通工作的统称。

大数据金融扩充了金融业的企业种类，不再是传统金融独大，并创新了金融产品和服务，扩大了客户范围，降低了企业成本。

大数据金融按照平台运营模式，可分为平台金融和供应链金融两大模式。两种模式代表企业分别为阿里金融和京东金融。

4. 众筹

众筹是指项目发起人通过利用互联网和 SNS 传播的特性，发动公众的力量，集中公众的资金、能力和渠道，为小企业、艺术家或个人进行某项活动或某个项目或创办企业提供必要的资金援助的一种融资方式。

相比于传统的融资方式，众筹的精髓就在于小额和大量。融资门槛低且不再以是否拥有商业价值作为唯一的评判标准，为新型创业公司的融资开辟了一条新的路径。从此，其融资渠道不再局限于银行、PE 和 VC。

众筹项目种类繁多，不仅包括新产品研发、新公司成立等商业项目，还包括科学研究项目、民生工程项目、赈灾项目、艺术设计、政治运动等。经过几年的迅速发展，众筹已经逐步形成奖励制众筹、股份制众筹、募捐制众筹和借贷制众筹等多种运营模式，典型平台包括点名时间、大家投、积木网等。

案例四　工业生产 4.0 的深度解析

1. 如何理解工业生产 4.0

"互联网大数据 + 生产制造"就是工业生产 4.0。"工业生产 4.0"是德国发布的基本概念，美国叫"工业互联网"，我国叫"中国制造业 2025"，这 3 者的具体内容是相同的，都朝着一个核心内容，就是智能工业。2015 年我国有几个基本概念十分火，第一个是全民创业、大众创业，第二个是工业生产 4.0，第三个是"互联网大数据 +"。"互联网大数据 +"是不可估量的基本概念，有"互联网大数据 + 金融"称为金融互联网、"互联网大数据 + 零售业"和"互联网大数据电子商务服务"，而"互联网大数据 + 生产制造"就是工业生产 4.0。它将推动中国制造业向中国创造转型发展，因此许多人说，工业生产 4.0 是一个我国超前性的革命。

2. 工业生产 4.0 有什么特点

智能互联系统：智能互联系统工业生产 4.0 的核心内容是连接，要把机器设备、生产流水线、加工厂、经销商、企业产品和顾客密切地结合在一起。

数据资料：工业生产 4.0 连接和企业产品数据资料、机器设备数据资料、产品研发数据资料、工业生产链数据资料、经营数据资料、管理方法数据资料、销售数据资料、顾客数据资料。

集成化：工业生产 4.0 将无所不在的控制器、内嵌式终端系统、智能控制、通信配套设施根据 CPS 形成一个智能化系统互联网。根据这一智能化系统互联网，使人和人之间、人和机器设备、机器设备与机器设备、各类服务项目与服务项目相互间，能够形成一个智能互联系统，逐步实现横向、纵向和端到端的高度集成化。

创新性：工业生产 4.0 的执行全过程是加工制造业创新驱动发展的全过程，生产技术、企业产品、方式、业态、组织化等多方面的创新性将不断涌现，从创新技术到创新产品，到方式创新性，再到液态创新性，最后到组织化创新性。

转型发展：针对我国的传统制造业来讲，转型发展事实上要从传统式 2.0、3.0 的加工厂转型发展到 4.0 的加工厂，生产制造形态上从大规模生产制造转向个性化定制。事实上，工业 4.0 的特点是生产制造全过程更为柔性生产、个性化服务、高端定制化。转型发展是工业生产 4.0 一个十分关键的特点。

3. 工业生产 4.0 有什么技术性支撑点

工业生产 4.0 九大技术性支撑点包含工业物联网、云计算技术、工业大数据、工业机械人、3D 打印、专业知识工作中自动化技术、工业生产网络信息安全、虚拟现实技术和人工智能技术。

4. 哪种企业最有市场前景

运用中国工业现状分析，未来 10 年，中国工业 4.0 各个领域将有充分发展趋势的几类企业有：

- 智能生产，分成两种，第一种是传统式的加工厂转型发展成智能生产，第二种就是智能生产。
- 解决方法企业，为加工制造业企业出示智能生产顶层设计、转型发展相对路径图、硬件软件集成化执行的工业生产 4.0 解决方法企业。
- 技术性经销商，包含工业物联网、工业生产网络信息安全、工业大数据、云计算服务、MES 系统软件。

除这 3 类之外，虚拟现实技术、人工智能技术、专业知识工作中自动化技术等技术性经销商也会迎来大好的发展前景。

5. 谁最后获得第四次工业革命主导权

2013 年德国汉诺威工业博览会的召开宣告第四次工业革命以智能工业为核心内容。

德国政府所界定的德国工业 4.0，由一个信息内容、一个互联网、四大主题内容、三项集成化、八项计划方案组合成的框架结构组织。德国政府明确提出工业生产 4.0 整体框架结构有许多方面和我国基本国情不一样，实际操作上也有一定的差距。第四次工业革命续延时间段为 30～40 年，因此说工业生产 4.0、移动互联对中国工业的变革、重塑和相融，才刚刚开始。第四次工业革命的本质是主导着世界未来的工业标准之战，由德国和美国依照自己的逻辑思维相对路径、表达方式来展开。美国明确提出了工业互联网规范，期望关心机器设备智能互联系统、数据统计分析、各类数据资料基本上对业务流程的洞悉，它们对传统式工业互联网互联互通，其侧重点在互联网大数据和云计算技术。德国明确提出工业生产 4.0，有着强有力的机械加工工艺，内嵌各类控制系统的专业设备和工作能力，德国很关心加工过程智能化系统和虚拟化技术的深刻改变。可以看到，美国工业互联网和德国工业 4.0，执行相对路径和逻辑思维不同，可是总体目标相同。美国要以 GE、IBM 为支持，偏重于从软件出发连通硬件；德国要以西门子、库卡、SAP 这些企业为主导，期望能够从硬件连通到软件。不论从软到硬，还是从硬到软，两者的总体目标是相同的，就是说建立智能工业，建立移动互联和工业生产的相融。

6. 中国为什么要选取德国标准

第一，中央政府认为，德国相对路径比美国相对路径更易于建立；第二，美国的工业生产空心化比较严重，IT 企业经常出现工业生产 4.0，挑战大，缺乏基础设施建设的落地模式；德国工业技术深厚，是生产制造产业基地，生产线设备经销商加 IT 业务流程解决方法服务提供商。在第四次工业革命的发展战略选取上，中央政府的对策是，紧抓新一轮产业发展规划的潮流，选取工业生产 4.0，发布中国版的中国制造业 2025，把握机会弯道超越。

二、时事热点

热点 1　拟订《汽车驾驶自动化分级》，通过并实施

2020 年 3 月初，工业和信息化部已经发布《汽车驾驶自动化分级》推荐性国家标准报批公示，驾驶自动化将按 6 级划分，拟于 2021 年 1 月 1 日正式实施。此次《汽车驾驶自动化分级》获准通过，也意味着中国将正式拥有自己的自动驾驶汽车分级标准。

热点 2　北京航天飞行控制中心圆满完成我国首次火星探测任务无线联试

2020 年 3 月 10 日，北京航天飞行控制中心圆满完成我国首次火星探测任务无线联试，充分验证了探测器与地面系统的接口匹配性和一致性，对各类方案、技术状态、软硬件系统进行了全面测试，为任务顺利开展打下了坚实基础。

热点 3　国土绿化行动稳步发展

2020 年 3 月 11 日，全国绿化委员会办公室发布的《2019 年中国国土绿化状况公报》显示，2019 年我国共完成造林 706.7 万公顷。近年来，全民参与造林绿化、抚育管护、认种认养等多种义务植树尽责形式，大规模国土绿化行动稳步推进。截至目前，全国森林覆盖率达 22.96%。

热点 4　深化增值税改革

2019 年 3 月 21 日，财政部、国家税务总局、海关总署联合发布《关于深化增值税改革有关政策的公告》，宣布今年空前力度的增值税税率下调将于 4 月 1 日正式启幕，并公布了一系列深化增值税改革的配套举措。

此轮深化增值税改革主要包括降低增值税税率水平，将制造业等现行 16% 的税率降到 13%；将交通运输业等现行 10% 的税率降到 9%；保持 6% 一档税率不变。同时，扩大进项税抵扣范围，试行期末留抵退税制度，对生产、生活性服

务业进项税额加计抵减，确保所有行业税负只减不增。

热点 5　原油宝穿仓事件

美国时间 2020 年 4 月 20 日，芝加哥商品交易所（CME）的 WTI 原油 5 月期货合约官方结算价收于 -37.63 美元/桶（-266.12 元/桶），这是历史上首次收于负值，一时震惊世界。这意味着，如果投资者以 10 美元/桶做多，其亏损总额甚至是投资本金的 4.76 倍。

热点 6　瑞幸咖啡盘前下跌超 80%

2020 年 4 月 2 日盘前，瑞幸咖啡股价跌幅扩大至逾 80%。公司调查显示，COO 及其部分下属员工从 2019 年二季度起从事某些不当行为，与伪造交易相关的销售额约为 22 亿元。

热点 7　长江白鲟灭绝

早在 2019 年 9 月 17 日，世界自然保护联盟（IUCN）专家在一个学术会议上宣称，中国特有物种、国家一级重点保护动物长江白鲟已经灭绝。

热点 8　600 千米高速磁浮试验样车成功试跑

由中车四方股份公司承担研制的时速 600 千米高速磁浮试验样车，于 2020 年 6 月 21 日上午在上海同济大学磁浮试验线上成功试跑。

作为一种新兴高速交通模式，高速磁浮具有高速快捷、安全可靠、运输力强、舒适准点、绿色环保、维护成本低等优点。时速 600 千米高速磁浮填补了高铁和航空运输之间的速度空白，可以形成航空、高铁、高速磁浮和城市交通速度梯度更加合理、高效、灵活便捷的多维交通架构，满足不同人群出行需求。

热点 9　一箭双星发射成功

2020 年 5 月 30 日 4 时 13 分，我国在西昌卫星发射中心用长征十一号运载火箭，采取"一箭双星"方式，成功将新技术试验卫星 G 星、H 星发射升空，卫星顺利进入预定轨道，任务获得圆满成功。

新技术试验卫星 G 星、H 星主要用于在轨开展新型对地观测技术试验。这次任务是长征系列运载火箭的第 332 次飞行。

热点 10　长征五号 B 运载火箭首次任务取得成功

2020 年 5 月 5 日 18 时 00 分，为我国载人空间站工程研制的长征五号 B 运载火箭，搭载新一代载人飞船试验船和柔性充气式货物返回舱试验舱，在我国文昌航天发射场点火升空，约 489 秒后，载荷组合体与火箭成功分离，进入预定轨道，首飞任务取得圆满成功，实现空间站阶段飞行任务首战告捷，拉开我国载人航天工程"第三步"任务序幕。

此次新一代载人飞船试验船进入预定轨道后将开展高速返回、控制、回收等关键技术试验验证，为我国载人空间站建造运营和载人深空探测奠定坚实基础。

热点11　中石油在塔里木盆地获重大勘探突破

2020年4月8日从中石油集团获悉，复工复产后，中石油在塔里木盆地腹部超深层油气勘探获重大突破：塔里木油田满深1井用10毫米油嘴测试求产，日产原油624立方米，日产天然气37.1万立方米，开辟出一个新的油气战略接替区。

满深1井的重大突破，标志着新发现一条区域级富含油气的断裂带，证实了塔北—塔中整体连片含油，新增有利勘探面积3520平方千米，油气资源潜力巨大，为塔里木油田原油加快发展夯实了资源基础。

热点12　中国开启火星探测

2020年4月24日上午消息：国家航天局宣布，将我国行星探测任务命名为"天问系列"，将我国首次火星探测任务命名为"天问一号"，同时公布了我国首次火星探测标识"揽星九天"。

"天问"是中国首次火星探测任务名称，它也是浪漫主义诗人屈原写的一首长诗。这首诗讲的是屈原对天地、自然和人世等一切事物现象的发问。"遂古之初，谁传道之？上下未形，何由考之……"，面对未知的天地，屈原提出了自己的疑问，表达了对真理执着的追求。

热点13　2020年上半年国内新冠肺炎事件回溯

2020年的春天注定是不平凡的，一场突如其来的新冠肺炎疫情，让这个春天有点"酸"有点"涩"，无数驰援武汉的"战士"，坚守岗位的每一个平凡的人，他们用一腔热血、一份初心、一己责任扛起了战"疫"的重担，为万家团圆负重前行。

2019年12月初，27例武汉市民被诊断为不明肺炎病症。2020年1月7日，导致不明肺炎病症的元凶被判定为新冠病毒。1月16日，新冠肺炎在国外出现，引起国际媒体的注意。1月20日，钟南山院士告知，新冠肺炎可以人传人。此后，"口罩"成为抢手货。1月23日，武汉封城。各地相继启动一级响应。全国41支医疗队支援武汉。2月4日，"火神山"开始收治首批患者。"火神山"从方案设计到建成交付仅用10天。2月7日，"吹哨人"李文亮因新冠肺炎去世。

热点14　杭州超5万人抢一楼盘，中签率为1.9%

一个楼盘，5天时间，超过5万人登记购房，开发商不得不包下周边网吧审核申请资料，楼市里喧嚣的一角，发生在拿下2022年亚运会举办权的杭州。

上述网红楼盘为西溪公馆，位于杭州城西东西方向主干道文一西路与荆长大道交叉路口，距离同样位于文一西路上的阿里巴巴西溪园区不到2千米，属于未来科技城板块。依托阿里巴巴的带动作用，在政策、产业红利多重因素加持下，这里被认为是杭州最具发展潜力的区域。

热点15 丰巢快递柜超时收费事件

2020年4月30日，丰巢快递柜实行超时收费政策。收费规则如下：普通用户可以免费保管用户包裹12小时，超时后，每12小时收取0.5元，3元封顶，节假日期间不计费；会员用户，月卡每月5元，季卡每季12元，有效期内不限保管次数，7天长时存放，有效时长30天；季卡会员，不限保管次数，7天长时存放，90天有效。

2020年5月7日，杭州东新园小区"打响第一枪"，物业将小区内17个丰巢快递柜全部拔掉电源。紧接着，杭州、上海其他小区也跟进抵制丰巢收费。5月15日，浙江省邮政管理局发布消息称：杭州市所有的丰巢柜全部恢复正常。当日晚间，丰巢宣布，将用户免费保管时长由原来的12小时延长至18小时，超时后每12小时收费0.5元，3元封顶。

附　录

一、面试申请的准备材料

（一）在校成绩单

在校期间成绩单含各单科成绩，已经步入职场多年的考生都无法第一时间找到自己的成绩单。往届生本科成绩单是在学院教务处查询和打印并由教务处相关工作人员盖章。本人可以直接去学院教务处报自己的姓名和学号进行查询，或者请求在校的亲朋好友帮忙去学院教务处打印成绩单再邮寄到本人工作或者学习的地方。如果目前是研究生身份，可以在研究生院研究生办事处找学院秘书帮忙打印，并盖学院章。

- 打印往届生本科成绩单的条件

（1）成绩单为考生大学本科的所有考试科目的得分情况，需要盖上学校章才算是有效的成绩单。

（2）学校会给学生颁发本科期间的成绩单，上面还盖好了学校公章。大学期间成绩单原件须由教务部门加盖红章，非应届毕业生考生可从人事档案中调取成绩单复印后加盖档案管理单位红章。

- 成绩单图样

见下页"成绩单图样"。

（二）学历认证

学历认证也是申请工程管理硕士的必要材料，虽然在面试申请阶段不需要提供，但在10月联考网上报名是需要提供的。学历认证的方法如下：

1. 国内学历认证

登录学信网后，单击学历认证与成绩认证，在报告分类处，单击"高等教育学历－如何申请"，如下页"学历认证与成绩认证截图"。

成绩单图样

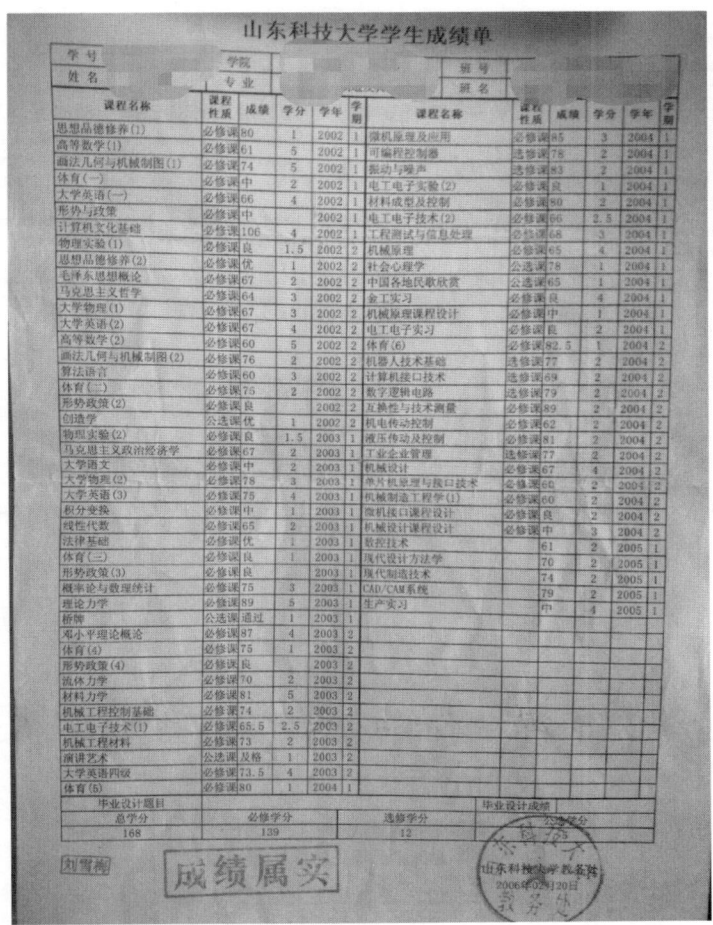

学历认证与成绩认证截图

报告分类

高等教育学历　中等教育学历　高等教育成绩单　高考成绩单　中学成绩单　会考成绩单

您尚未绑定任何报告

如果您已持有以上报告，请进行报告绑定，绑定成功后即可查看报告内容。

开始绑定

还未持有以上报告，去申请

然后在页面的左侧单击网上申请，则弹出下图所示页面。

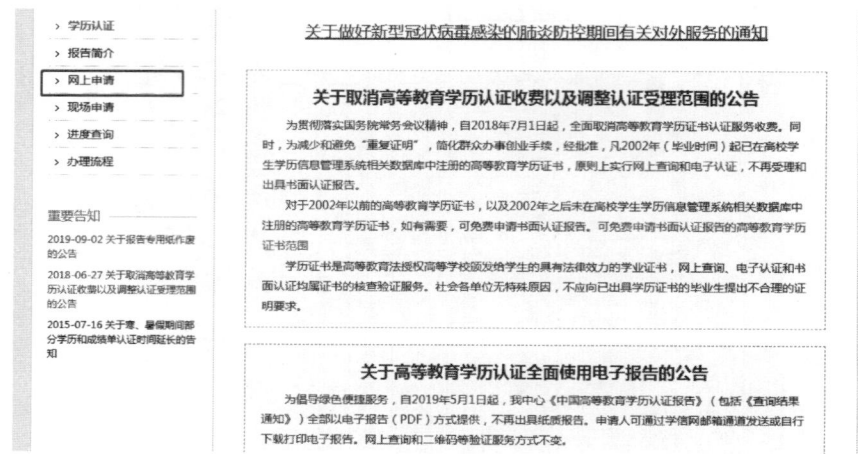

单击"网上申请"后，在页面中间处单击"申请认证"，如下图所示。

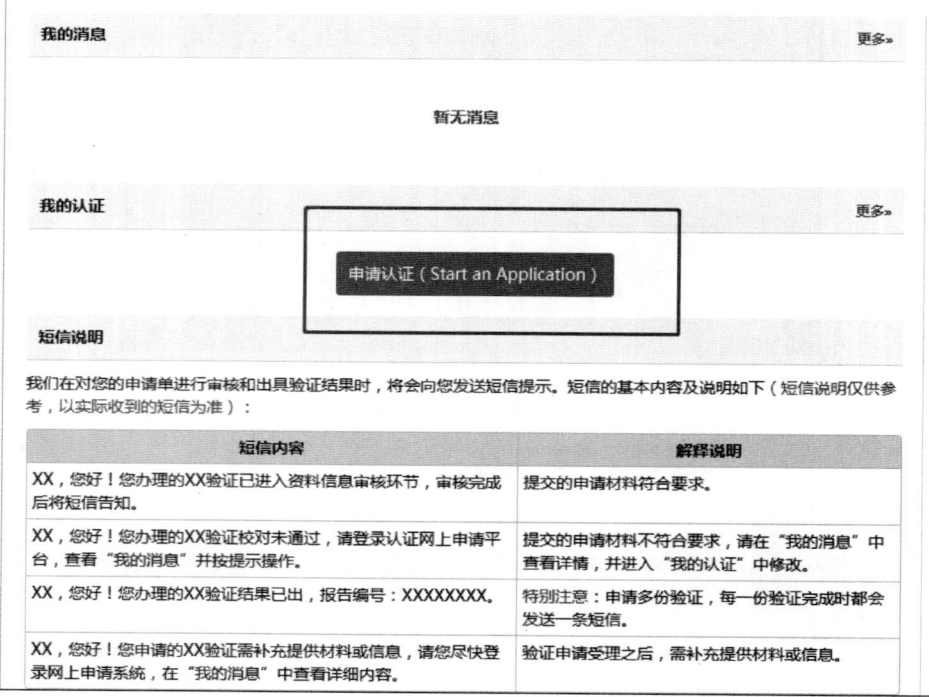

⚠ 注：验证进度与验证结果会通过短信形式进行，考生必须注意短信内容的提示。

也可以在现场申请，获得认证报告，找到自身所在地的办理机构，办理流程如下图所示。

附 录

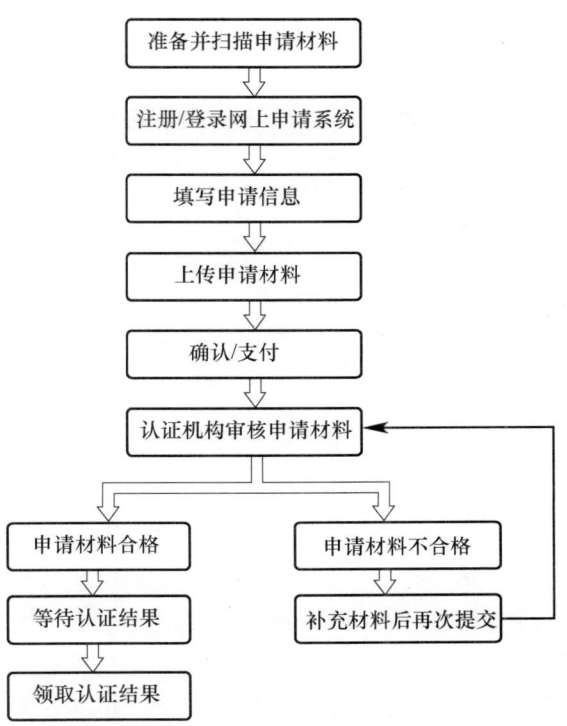

- **绑定报告后查询结果**

中国高等教育学生信息网依托中心建立的集高校招生、学籍学历、毕业生就业和国家助学贷款学生个人信息一体化的大型数据仓库，开通了学历查询系统、学籍学历信息管理平台、"阳光高考"信息平台、硕士研究生网上报名和录取检查系统、国家助学贷款学生个人信息系统、学历认证网上办公系统、就业频道等多套电子政务系统和社会信息服务系统。

学信网认证步骤如下：

登录学信网，在网页上找到"学籍学历查询"，单击进入。

进入以下页面：

注：如果考生尚未注册过，需要先注册（利用电子邮箱、手机等），如果已注册，可直接登录。

登录自己的学信账号后，单击"学历认证与成绩验证查看"，如下图所示。

单击进入后，若未持有高等教育学历等认证报告，则直接单击去申请，如下图所示。

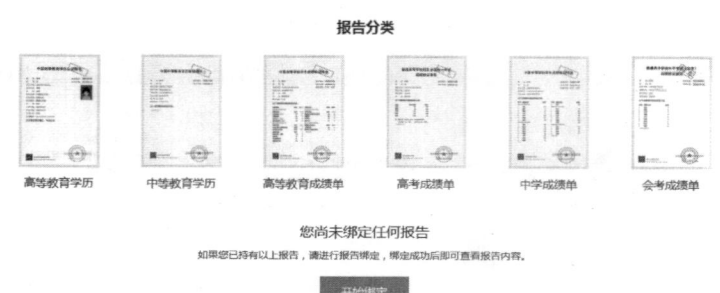

单击"我要申请"后,将界面拉到最底下,输入证书编号、报告编号及验证码,如下图所示。

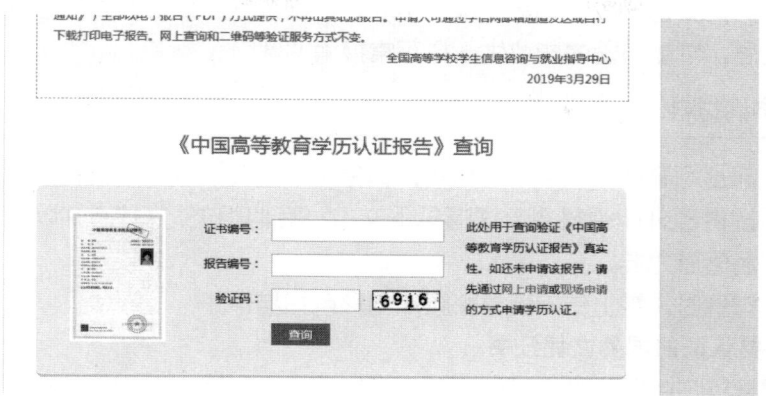

若已持有以上绑定报告,需先绑定报告,才能查询认证结果,如下图所示。

单击"开始绑定"后,在页面上填写报告编号和证书编号即可,如下图所示。

2. 国外学历认证

目前，有一部分考生从国外留学归来，这部分考生的高等教育是在国外进行的，故他们需要通过教育部留学服务中心进行国外学历认证并发放国外学历学位认证书之后，才能与国内毕业生一样正常报考 MEM。

◆ 申请材料

所有国别均需提供以下申请材料，请务必仔细阅读以下申请材料说明。部分国家还需提供额外申请材料，详情见下文中"其他相关材料"，并以认证申请系统中的提示信息为准。

在线申请时，需上传申请材料原件的彩色扫描件。

- **需要认证的国外文凭证书**

①需要认证的国外文凭证书一般为所在国的官方语言书写，如获得两种语言的文凭证书，源语言文凭证书必须上传，其他语言可选择性上传；

②如需要认证的国外学历学位证书或高等教育文凭的正反面均有文字图案，应同时提供其正反面的扫描件；

③申请者如无法提供获颁的文凭证书，中心原则上无法提供认证服务。

- **国外学习期间使用的护照**

国外学习期间使用的护照用于判断申请者的个人信息、学习地点及学习时间等情况，是认证评估所需的重要材料。在国外学习的申请者应提供留学期间使用的旅行证件（包括护照、旅行证等），需扫描上传的内容包括首页（个人信息页）、学习期间签证页（不在护照上的电子签或居留卡也需提供）。如所认证的文凭证书早于 10 年前颁发，申请者还需提供留学期间护照上所有的出入境章。

- **一张二寸证件照片**

本人近期标准证件照片，底色不限。

- **按留学服务中心要求填写并签署的国（境）外文凭证书核查授权声明**

按照各国各院校的要求，我中心核查文凭证书真伪需获得证书持有人的书面授权。通用版《授权声明》适用于多数国别和院校。请申请者在空白填写处使用英文或留学国源语言填写，签名处务必由本人亲笔手写签名，以保证核查效力。少数院校对授权内容有特殊要求，详情单击下面的国别查看。

- **其他相关材料**

①在国外颁证院校学习时间不满足学制要求的申请者务必提供学习期间完整成绩单或研究证明；

②有多国、多校学习经历，或系在第二国学习获颁第三国文凭证书的申请

者，务必提交学习期间完整成绩单，以及留学期间护照上学习所在国的所有出入境章；

③为了便于准确判断申请者的专业领域，建议申请者提交学习期间完整成绩单；

④由于少数国别教育制度的差异，日本、韩国、英国、新加坡、菲律宾、巴基斯坦、马来西亚、意大利、西班牙、法国、匈牙利、爱尔兰、俄罗斯、白俄罗斯、乌克兰还需提供额外申请材料。

◆ **认证时间**

自2018年1月1日起，教育部留学服务中心将根据认证境外核查反馈所需时间的差异，对不同国家/地区（类别）的认证工作时限采取分类管理，并及时发布工作时限有关情况。国（境）外学历学位认证工作时限主要分类情况见下表。

序号	认证周期	适用范围
1	10工作日以内	美国、加拿大和中外合作办学的多数认证申请
2	15工作日以内	英国、法国、意大利、澳大利亚、新西兰、新加坡大部分院校的认证申请
3	25工作日以内	其他国家/地区的认证申请

（三）在职证明

在职证明是我国公民在日常生产生活经营活动中，所需要的对个人在职情况及收入的一种证明。在职证明的模板如下：

在职证明

兹有_____同志（身份证号：×××××××××××××××）自_____年_____月_____日进入我公司，任我公司_____，为我公司员工。

特此证明

××××××
公章
_____年_____月_____日

（四）档案

1. 档案应存放的地方

有工作单位的人，档案一般存放在自己的工作单位；如果工作单位规模较小没有存放档案的条件，员工的档案会由单位寄存在当地人才市场。学生档案存放在学校学籍科。

2. 查询档案的方法

- 社会人士查询档案的方法

社会人士的档案会存放在单位或者人才市场。可以去单位档案管理处查询自己的档案。如果单位将员工的档案寄存在人才市场，可以通过电话或网络查询自己的档案。

- 应届毕业生查询档案的方法

刚毕业的学生，档案会由学校寄到工作所在地的人才市场，由于档案的传递较慢，毕业两个月以内档案还可以在学校学籍科查到；两个月以后可以在工作所在地的人才市场查询。可以通过电话查询或者人才网站查询。

3. 查询档案的途径

查询档案主要有两个途径：一个是拨打公司档案管理处的电话查询或者拨打人才市场的电话查询；另一个是通过学校、公司或者人才相关网查询。另外，如果时间充裕，可以带上证件去实地当面查询。

（五）学籍信息

（1）百度中搜索"学信网"的网页；登录 http://www.chsi.com.cn/ 进入学信网首页，如下图所示。

（2）首次查询学籍请单击"注册"，如下图所示。

- 用自己的身份证注册学信网账号

- 实名注册，请填写真实信息

⚠ 注：手机号码一定是常用、有效的，安全邮箱最好是自己的QQ邮箱，方便后期

173

登录及找回密码。输入密码和确认密码,并一定要记住用户名和密码!带*号信息必填,完善所有信息,然后单击"立即注册"。

(3) 注册之后单击"登录学信档案",如下图所示。

(4) 单击"高等教育信息"中的"学籍信息",就可以查到本人学籍,如下图所示。

二、面试真题汇总

（一）中文问题
1. 个人面试真题汇总

- 农产品（价格）有周期性波动，国家应该如何调控？
- 你觉得春节期间快递行业该不该放假？
- 东北的经济需要钱来带动还是观念带动？
- 快递行业包装污染较严重，是否需要政府控制？
- 冷链物流需不需要国家支持？
- 大中货物运输应不应该管制？（铁路运输）
- 智能制造是不是中国制造的必经之路？
- 你学的是材料专业，为什么去做程序化交易？
- 目前的工作和上一份工作有什么联系？
- 填写的证书有没有更高级的 level？
- 开发的程序化交易主要有什么功能？
- 如何实现小型化？
- 你的优缺点是什么？
- 你在公司的主要业绩有哪些？
- 为什么要读 MEM？
- 你在项目中遇到过哪些技术问题？
- 你如何实现低成本设计？
- 学完 MEM 想做到什么 level？
- 介绍一下你公司的具体业务。
- 请介绍动力电池的各种指标，如存储电量、质量、电芯数量、电芯价格。
- 新能源行业是否有"摩尔定律"？
- 工作中有没有量化的任务？使用什么计算？
- 你觉得你能在 MEM 这个项目中得到什么？
- 你之后的规划是怎样的？
- 你在你所主持的项目中起到哪些作用，扮演什么角色？
- 中国特色社会主义的总体布局是什么？
- 中国特色社会主义的战略布局是什么？
- 你熟悉领导人吗？（如人大常委委员长是谁）
- 对 BIM 的看法是什么？BIM 所面临的挑战是什么？
- 谈一谈对"管理是一门科学，又是一门艺术"这句话的理解。

- 汽车项目的业务开展相对工业品业务开展有哪些不同？
- 对军民融合项目的理解是什么？
- 你们公司的产品及你们公司未来的发展方向是什么？
- 请举一个管理上的成功案例。
- 你想做 specialist 还是 generalist？为什么？
- 数字经济是否会取代实体经济？
- 如何平衡学习与工作？
- 聊一下你未来的职业规划及未来的转换。
- 危险品仓库和传统仓库有什么区别？
- 怎么看待新能源汽车？
- 你如何看待办公室政治？
- 如何看待网红？
- 抖音如何带来正确的价值观？
- 项目管理中如果客户天天让你改需求，进度怎么处理？
- 公司、行业、个人目前面临的困境和难点是什么？
- 京东零售、京东物流和京东数科之间有什么关系？
- 京东金融和蚂蚁金服有什么区别？
- 你如何管理下属？如何选择能力比较强的下属？
- 谈谈大数据分析项目中的数据安全问题。
- 虚拟经济是否会取代实体经济，将来虚拟经济和实体经济之间有什么关系？
- 采购会有一些灰色地带，你在工作中是如何提升合规性的？
- 你认为燃机国产化最大的困难是什么？
- 你们部门在公司处于什么定位，未来的发展规划是什么？
- 5G 对你们行业有什么影响？
- 你们是怎么发展 5G 的？
- 美国针对 5G 对中国的做法你怎么看？
- 你是否了解美国的卫星通信，你怎么看？
- 你的工作职责是什么？
- 重点介绍下你目前的工作内容。
- 说说你读书后的规划。
- 你怎么看待香港问题？
- 大学专业和工作方向不一致，你后来是怎么学习相关技术的？
- 大学专业对现在的工作有没有帮助作用？

附 录

- 项目实施过程中有没有从技术上解决了某些困难？如何解决的？
- 入学后论文的计划方向是什么？
- 智慧门店是做什么的？
- 如何显著降低线上运营事故？
- 你遇到过最大的挑战是什么？如何解决的？
- 你为什么从软件开发转做质量保障？
- 你在项目中遇到过哪些技术问题？
- 你如何实现低成本设计？
- 学完 MEM 想做到什么 level？
- 工作中有没有量化的任务？使用什么计算的？请举一些例子。
- 硕士论文写的内容是什么？
- 你的工作内容与大学专业无关，你是如何学习技术的？
- 现在公司的产品是如何设计的，会收集接纳客户的意见吗？
- 你有没有技术专利和著作？
- 论文的计划偏向是什么？
- 库存的作用和分类分别是什么？
- 可以通过什么方法来降低库存？
- 企业如何确定组织文化和价值观？
- IBM、百度、阿里巴巴有哪些差别？
- 如何建设质量保障体系？
- 申请资料上，你说我们是商学院，为什么？
- 你工作中最有成就感/最失败的项目是什么？你的收获是什么？
- 你是否思考过毕业论文的主题？
- 你最近看什么书？主要内容是什么？
- 你是否从事过治理类的事情？
- 你以为自己是怎么样的人？
- 最近是不是有学习的履历？有的话请你说一下，学习了什么？
- MEM 和 MBA 有什么区别？
- 谈谈你所在公司的背景和你的工作职责。
- 你在公司做出过哪些贡献？
- 你对未来的规划是什么？
- 你对公司竞品的看法是什么？
- 毕业后应该先考博还是先工作？
- 结合本科所学专业×××设计×××管理流程相关体系。

- 用逻辑观点说说为什么鸟背是黑的，鸟肚是白的？
- 你本科毕业于哪所院校？
- 本科学的专业是什么，具体都学了什么？

2. 小组面试真题汇总

【开放式问题】
- 比特币是不是货币？
- 如何理解知难行易、知易行难？
- 如何看待花呗、白条等金融产品导致过度消费？
- 如果你是公司一把手，你会选择什么样的人做副手？

【两难问题】
- 应该分散投资还是集中投资？
- 经济落后地区的发展是"引资"重要还是"引才"重要？
- 互联网应该先规避风险还是迎接风险？
- 应该选择短期且收益少的项目还是长期且回报多的项目？
- 你支持"一屋不扫何以扫天下"还是"扫天下何必扫一屋"？
- 人工智能是成就人还是替代人？

【多项选择题】
- 选择人才时，以下哪个你会最优先选择？（　　）

  A. 能力强，性格差　　　　B. 统筹兼顾，协调，但懒散
  C. 能力不足，但是忠诚　　D. 不善于沟通

- 北京冬奥会招募志愿者，你认为志愿者最重要的3个品质是什么？（　　）

  A. 身体素质好　　　　　　B. 服从组织安排
  C. 有很强的应变能力　　　D. 有团队精神
  E. 有奉献精神

【对抗辩论】

（1）背景：《银行家》杂志发布2018年全球1000家大银行榜单，前4名是中国工商银行、中国建设银行、中国银行、中国农业银行。在前50名中，中国的银行占12席，排名第一，在1000名榜单中，中国有131家银行入选，与此同时，中国的银行税前利润总额连续3年超过欧元区和美国。

正方：随着中国经济高速发展，进行资源配置最强的中国金融业日益崛起，中国银行业发展壮大也就不奇怪了。

反方：在中国，银行业赚钱能力是其他上市公司的近100倍，实际上吃"息差"和强制性行政收费，导致了中国实体经济特别是中小微企业的融资更加困难。

(2) 背景：PPP 领域将迎来加强版纲领文件，防风险仍为核心，10% 红线变动可能性不大，防范地方政府借道基金预算违规操作也是重点方向，同时，将着力加强项目入库管理，第三方机构规范，厘清权责分配，完善制度保障。

正方：PPP 发展过热，地方政府债务风险进一步加大，应加大力度监管。

反方：尽管 PPP 存在风险，但是 PPP 真正起到现阶段拉动经济发展的作用，应进一步鼓励。

(3) 背景：近年来，共享单车发展迅速，成为城市街区的一道风景线，给人们的生活和工作带来了极大便利，也给交通管理带来了难题。对共享单车的前景，人们有不同的见解。

正方：共享单车已经成为人们生活不可或缺的一部分，被称为中国的"新四大发明"之一，受到人民的普遍欢迎，前景较好。

反方：共享单车乱停乱放，影响市容，影响公共交通秩序。无论采取违章罚款还是其他措施，因为数量太多，执法部门难以实施，所以共享单车应当逐渐减少投放量或被取缔。

(4) 背景：苏联解体后，世界上出现了"一超多强"的多极化格局。"一超"指美国，"多强"指中国、日本、欧盟、俄罗斯等。当前世界格局仍然朝着多极化方向发展。

正方：世界形势的发展证明，多极化是不可阻挡的趋势，美国的霸权地位正在衰弱，而崛起的中国决不走霸权道路，印度、巴西等新兴国家也在快速发展，这些都是多极化的表现。

反方：由于中国的崛起，中美两个大国已经成为世界格局的主导，事实上已经形成了两极格局，这种格局将会持续很长时间。

(5) 背景：7 月 6 日中美贸易摩擦已经打响，美国挑起贸易摩擦，中国反制，目前观点冲突较大。

正方：美国总统特朗普在 500 亿美元商品增收 25% 关税之外，提出如果中国反制，将额外提出 200 亿美元商品增收 10% 关税，直至 5000 亿美元，中国出口美国只有 1300 亿美元，因此无法对等对付美国，这对中国产业影响非常大，因此应该及早妥协，免得受到更大伤害。

反方：美国对华挑起贸易摩擦，会两败俱伤，美国总统特朗普只是虚张声势，中国应给予严厉回击。而且 5000 亿美元对比中国 13.1 万亿美元 GDP，影响并不大，加之其他国家同样对美国有反制诉求，可以建立强大的同盟，中国不能妥协，以获得长期发展。

(6) 背景：《我不是药神》引起全国轰动，其事件背景是当年的"陆勇事件"，即我国进口抗癌药太贵，陆勇从印度购买当地仿制药品回国内卖给病人（在国内正规渠道买一盒格列卫需要2万多元,而印度相同效力的仿制药只要200多元一盒)。中国治癌药品价格高的原因在哪里?

正方:中国治癌药价高的根本原因在于药品公司的专利保护和税收。中国与WTO接轨后,必须维护药品公司的专利权利,目前已经开始将治癌药品的进口关税降为零,因此未来大部分癌症患者应该有能力购买治癌药品。

反方:中国治癌药价高的根本原因不在于专利保护和税收,而在于外国药品公司的超国民待遇、医药体系整体的唯利是图和医药结合后的医院暴利分成。

(7)背景:北京很多公交车上曾经都配了一个保安(或者叫安全员)。这样,每辆公交车上都有了2~3个随车工作人员(司机、保安、售票员)。一到站,保安开门就喊"请不要携带危险品上车",乘客上完了,还会冲着司机喊"关门"。那么公交车是否应标配保安呢?

正方:飞机上有,火车上有,轮船上有,为啥公交车上没有保安?难道坐公交车的人就不需要安全?所有公交车保安都应该成为标配,最大限度地确保市民乘车安全。

反方:公交车车厢空间小、乘客多,无法像地铁那样安装安检设备;并且保安没有执法权,自然没有权力强制乘客打开箱包,所以,保安是否有精力、有能力确保危险品不上车?给公交车配备保安无法真正解决安保问题,从经济上讲,每车配备一名保安对地方政府或者公交公司来说也是一笔不小的财务支出,且性价比不高。因此,反对每辆公交车配备保安。

(8)背景:2019年高考数学考题很难,但专家解释并未超纲。那么,高考考题太难是否影响人才选拔的公平性?

正方:考题的难易程度对大家都是平等的,再难也不影响人才选拔的公平性。

反方:高考的核心是公平性,考题难度越均匀,对覆盖城乡更大量的考生就越公平;偏难的考题可能加大了城乡考生间、不同等级学校考生间的不公平。

(9)背景:供应链金融方兴未艾,市场前景广阔,但供应链金融风险也相当大。那么供应链金融风险主要来自哪里?

正方:供应链金融风险主要来自核心企业信用不足。

反方:供应链金融风险主要来自货失货损。

(二)英语口语面试真题汇总

■ What innovations did you make in your work?(在工作中有哪些创新点?)

■ Tell me about something you've been doing recently?(谈谈你近期正在做的事情?)

- Why did you quit your first job and choose to change careers?（为什么辞去第一份工作并选择转行？）
- Describe the view and function of SAP ERP system.（形容一下 SAP ERP 系统的观点和作用。）
- Tell me about the specific business of your company.（介绍一下你公司的具体业务。）
- What is the research direction of your thesis?（你的论文研究方向是什么？）
- What was the greatest accomplishment of the project? How did it happen?（项目中最大的成就是什么？怎么达成的？）
- What is the most important qualification that a MEM student should have?（MEM 学生应该具备的最重要的资格是什么？）
- Say a little about teamwork.（说说团队合作吧。）
- Say a little about management.（谈谈管理。）
- How communication works in organizations?（沟通如何在组织中发挥作用？）
- Tell me the relationship between the management and management theory.（请告诉我管理和管理理论之间的关系。）
- What will you do if you can't find a job?（如果找不到工作，你怎么办？）
- Do you think that the economy will get better?（你认为经济会好转吗？）
- What kinds of opportunities are you looking for?（你在寻找什么样的机会？）
- What is your biggest accomplishment on the job?（你在工作上最大的成就是什么？）
- What joy did you enjoy the most and why?（你最喜欢的乐趣是什么？为什么？）
- What would your former boss say about you?（你的前任老板会怎么评价你？）
- Why did you leave your last job?（你为什么离开上一份工作？）
- Please tell me a little about your working history.（请告诉我一些你过去的工作经历。）
- Say a little about your educational background.（说说你的教育背景。）
- What are your strengths and weakness?（你的优点和缺点是什么？）
- What do you do in your spare time?（你在业余时间做什么？）
- What is your impression of ××?（你对 ×× 的印象如何？）
- What is CFO? If you were a CFO, what would you do?（首席财务官是什么？如果你是首席财务官，你会做什么？）

- What is the difference between sales and marketing?（销售和市场营销的区别是什么？）

- Would you please make a brief introduction about yourself?（请能简单介绍一下你自己吗？）

- Why did you take the MEM examination? Would you please say something about the currently MEM program in China?（你为什么参加 MEM 考试？您能介绍一下中国目前的 MEM 项目吗？）

- Why do you choose ×× University to study MEM? Tell me a little about ×× University from your understanding.（你为什么选择 ×× 大学学习 MEM？告诉我你对 ×× 大学的理解。）

- What's the difference between MEM program at home and abroad?（国内和国外的 MEM 课程有什么不同？）

- If you failed this time what will you do in the near future?（如果你这次失败了，在不久的将来你会做什么？）

- Why do you want to be a part of MEM students?（你为什么想成为 MEM 学生的一员？）

- Why do you think you are qualified for MEM program?（你为什么认为你有资格攻读 MEM？）

- Do you have a career plan in 5 years?（你有 5 年的职业规划吗？）

- Do you have a study plan if you were accepted as a MEM student?（如果你被录取为 MEM 学生，你有学习计划吗？）

- What's your opinion about the requirement that a MEM student must have working experience?（你对 MEM 学生必须有工作经验这一要求有什么看法？）

- How do you define marketing or management?（你如何定义市场营销或管理？）

- Do you think English is quite important in MEM study? Why?（你认为英语在学习中很重要吗？为什么？）

- Do you think MEM training courses will help you a lot in your future life? Why?（你认为 MEM 培训课程对你未来的生活有很大帮助吗？为什么？）

- What do you want to do after your MEM study?（你在学完 MEM 后想做什么？）